신입사원일 때
알았더라면
좋았을 것들

신입사원일 때

일머리와 개념을 두루 갖춘
상위 1% 에이스 되는 법

알았더라면
좋았을 것들

류영숙 지음

마일스톤

차 례

1장

이미지 메이킹 : 당신의 가치를 높여라 ＋

근무 태도 :
성실함을 이기는 무기는 없다

+

3장

커뮤니케이션 :
말이 곧 당신이다 +

4장

업무 기술 :
2%가 차이를 만든다

5장

인간관계 : 결국 사람이다

6장

자기계발 :
나는 매일 조금씩 나아간다

$+$

요즘 회사에 입사하는 신입사원들의 스펙은 말 그대로 화려하다. 그들 대부분은 우수한 학교 성적은 기본이고, 해외 어학연수 경험, 각종 자격증, 높은 토익 점수, 공모전 입상 기록, 다양한 봉사활동 경험, 해외 기업에서 대기업 인턴 경력까지 '취업 스펙 세트'를 가지고 입사한다. 그런데, 이렇게 좋은 스펙으로 높은 경쟁률을 뚫고 들어온 신입사원들이 입시나 공부보다 회사생활이 더 어렵다고 말한다. 회사라는 공간이 익숙하지 않은 탓도 있을 테지만 보다 근본적인 이유는 다른 데 있다. 바로 회사라는 공간이 가진 특성을 이해하지 못하기 때문이다.

한 조사 기관에서 기업의 인사 담당자들을 대상으로 "신입사원이 회사에서 반드시 지켜야 할 사항은 무엇인가?"라는 설문조사를 실시한 결과 가장 많은 대답이 '인사 잘하기'(56%)였다고 한다. 그 다음이 근태 관리, 즉 '약속 잘 지키기'와 '지각하지 않기'였다. 비슷하게 "신입사원이 가장 시급하게 보완해야 할 점은 무엇인가?"라는 질문에 대해서도 '근무 태도와 예의'가 가장 많은 답을 얻었다. 열심히 스펙 쌓아 치열한 경쟁을 뚫고 들어온 신입에게 요구하는 가장 중요한 요소가 '인사 잘하기'라니…….

이른바 잘나가는 정치인이나 핫한 연예인도 무심코 내뱉은 한마디나 조심스럽지 못한 행동 하나가 인성 논란으로 이어져 어렵게 쌓은 이미지가 하루아침에 무너지는 일이 종종 있다. 직장인도 마찬가지다. '구직'이라는 전쟁터에서 무수한 경쟁자들을 물리치고 입사에 성공한 그들에게 닥친 직장생활의 어려움은 보고서 작성이나 외국어 실력 혹은 업무 능력 부족이 아니다. 회사에서는 평소와 다를 바 없는 행동에도 상사가 화를 내는 날도 있고, 별 뜻 없이 내뱉은 한마디로 인해 동료와의 관계가 불편해지는 상황이 발생하기도 한다. 업무 능력이나 스펙이 아닌 기본 매너, 즉 상대방을 대하는 자세와 태도가 발목을 잡는 것이다.

입사 초에는 나도 실수투성이었다. 학교에서 배운 이론으로 무장, 완벽하다는 생각으로 시작한 직장생활은 시작부터 만만치 않았다. 상사와 외부 손님의 미팅 자리에 내어 간 차를 어느 분께 먼저 드려야 할지 몰라 찻잔을 들고 우왕좌왕하다 혼이 나기도 했고, 외부에서 걸려온 중요한 전화 메모를 제대로 남기지 못해 상사에게 폐를 끼치기도 했다. 엘리베이터의 상석을 몰라 상사를 엘리베이터맨으로 만들어버린 어처구니없는 상황도 있었다.

지금은 웃으며 말할 수 있지만 실축된 이미지를 만회하고 실력을 인정받기 위해 몇 배 더 노력했다. 그 과정에서 깨달았다. '회사는 다양한 직책과 연령을 가진 사람들이 함께하는 곳이고, 어차피 비슷한 스펙을 가졌다면 내가 다른 사람들에게 평가 받을 수 있는 것은 태도와 매너라는 사실을 말이다. 그리고 인문학을 공부하며 이 깨달음을 확신했다. 효율성을 우선시하는 회사 업무조차도 사람 간의 관계가 밑바탕이 되어야 하고, 그 관계를 최선으로 만드는 것은 작은 차이에 있다는 사실을 말이다.

돌이켜보건대, 내가 신입사원이던 시절에 나에게 직장생활에 대한 조언을 해주거나 세심하게 알려준 멘토가 있었더라면 직장생활이 훨씬 수월하고 든든했을 것 같다. 아직 직장이라는 공간이 낯설고, 상사가 어렵고, 동료가 마냥 편하지만은 않은 신입사원들을 보면서 내가 경험한 직장생활을, 상사와 부하간의 마인드 갭을, 내가 힘들었던 부분을, 선배로서 후배들을 보면서 안타까웠던 점들을, CEO들이 원하는 기업의 인재상을 나누고 싶었다.

이 책은 30년 가까운 직장생활을 통해 체득한 나의 경험, 공부를 통해 학습한 이론을 바탕으로 취업을 앞둔 취업 준비생들과 직장에 갓 입사한 신입사원, 여전히 회사생활을 힘들어하는 경력 사원들에게 주는 응원이다. 배려와 매너로 나의 가치를 업그레이드할 수 있는 이미지 관리법, 상대에게 호감을 주는 인사법, 효과적인 커뮤니케이션 방법, 세련된 비즈니스 매너, 그리고 자기 관리법에 이르기까지 다양한 이야기를 담았다. 스펙이나 실력은 출중하지만 직장 매너가 부족해 능력까지 평가 절하된 직장인을 위한 지침이기도 하다. 책을 읽은 사람들은 직장 매너로 인한 시행착오를 줄이고 상사와 동료에게 인정과 신뢰를 받는 비결을 터득할 수 있을 것이다. 또한 선배의 경험에서 우러나온 조언을 듣고 하나하나 실천하다 보면 어느새 기본기를 갖춘 개념 있는 직원, 함께 일하고 싶은 직원이 되어 있으리라 믿는다.

이 책은 기본에 충실하다. 기본은 언제 어디서나 통하기 때문이다. 내가 제시하는 다양한 노하우와 팁이 단순한 지식이 아닌 성공적인 직장생활에 실질적인 도움이 되기를 기대한다.

2020년 가을

류 영 숙

1장

이미지 메이킹 :
당신의 가치를 높여라

01
호감과 비호감을 만드는 2%의 차이

글로벌사업팀 J팀장이 내게 직장 매너에 관한 책을 추천해 달라고 부탁을 해왔다. 최근 부쩍 표정이 어둡고 수척해 보여 무슨 일인가 궁금하던 차였다. 무슨 일이냐는 질문에 돌아온 답은, 요즘 업무보다 그를 더 힘들 게 하는 건 3개월 전 입사한 B라고 했다.

B라면 나도 아는 직원이었다. 해외에서 8년 동안 공부했고, 4개 국어를 능통하게 할 뿐만 아니라 IT 관련 지식까지 풍부한 재원으로 입사 당시 임원들의 관심을 한 몸에 받았기 때문이다. 담당 본부장 역시 B가 일에 대한 열정도 많고 포부도 커 보인다며 은근히 기대를 하는 눈치였다. 그런데 그런 B 때문에 고민이라고?

얘기를 들어 보니 B는 부적절한 말과 선을 넘는 행동으로 지난 한 달 간 상사와 동료들을 적잖이 당혹스럽게 만들었고, 그런 B 탓에 팀에 잡음이 끊이지 않았던 모양이다. 결국 상황을 보다 못한 J팀장이 직장 예절에 관한 책을 사주면서 후배를 변화시켜 볼 요량으로 나에게 도서 추천을 부탁해 온 것이었다. 책으로 해결할 문제가 아니란 걸 알았지만 나는 부탁에 충실하게 응했다. 안타까운 건, 그 후에도 J팀장의 표정이 꽤나 오랫동안 어두웠다는 것이다. B는 입사 당시에는 화려한 스펙으로 이미지가 좋았을지 모르지만 매너 없는 태도로 결국 능력을 발휘하기도 전에 회사에서 논란의 중심에 서고 말았다.

성공한 사람들의 공통점, 매너

이미지는 다른 사람이 보는 내 모습으로, 우리는 이미지를 통해 다른 사람을 판단하는 데 익숙하다. 취업을 앞둔 면접자들은 면접관에게 조금이라도 더 좋은 이미지를 남기기 위해, 즉 호감을 사기 위해 최대한 표정을 밝게 하고 예의를 갖춘다. 하지만 좋은 이미지를 위한 노력은 면접 때뿐만 아니라 직장에 들어가서도 지속적으로 유지하고 관리해야 한다. 특히 직장생활에서 '이미지'는 엄청난 힘을 지닌다. 부서 배치나 평가, 승진과 같은 커리어에서 인간관계까지 사람을 판단하는 데 중요한 영향을 미치기 때문이다.

지금은 이미지 커뮤니케이션의 시대다. 이미지 메이킹이나 이미지

컨설팅 회사가 여기저기 생기는 것만 보아도 사람들이 이미지를 얼마나 중요시하는지 알 수 있다. 이미지 메이킹은 외모, 성격, 취향, 능력 등 나를 이루는 모든 시각적 · 청각적 · 언어적 요소 중 장점을 골라 내가 원하는 이미지로 다른 사람에게 각인시키는 모든 과정을 포함한다. 한마디로 내가 추구하는 목표를 이루기 위해 이미지를 통합적으로 관리하는 행위이자 자기 향상을 위한 노력이다. 그런 의미에서 이미지 메이킹은 자기 표현 능력을 기르는 일, 즉 '셀프 마케팅'이라 할 수 있다. 사소한 습관이나 평소 모습이 이미지에 영향을 미친다는 면에서 이미지는 결국 '자산'이다.

미국의 심리학자 윌리엄 제임스는 "어떤 자질을 갖고 싶다면 그것을 이미 가진 것처럼 행동하라."라고 말했다. '원래 그런 것처럼' 행동하다 보면 정말로 그렇게 된다는 것이다. 사고가 바뀌면 행동이 바뀌고, 행동이 바뀌면 습관이 바뀌고, 습관이 바뀌면 인격이 바뀌고, 인격이 바뀌면 운명이 바뀌는 것과 같다. 내가 갖고 싶은 이미지가 있다면 그런 이미지를 가진 사람처럼 행동하고, 그러한 행동을 습관으로 만들어 내 이미지를 스스로 만들어 가는 것이다.

내가 의도한 대로, 또 내가 생각한 대로 내 이미지가 만들어지면 더없이 좋겠지만 내가 생각하는 내 이미지와 다른 사람이 평가하는 이미지가 다른 경우가 훨씬 많다. 더구나 각각의 개성을 가진 사람들이 모인 직장이라는 공간은 상하 관계가 명확하기 때문에 서로를 배려하는 마음이나 매너가 없으면 관계가 틀어지거나 힘들어질 수 있다. 한마디로 매너는 이미지 형성에 큰 영향을 미칠 수밖에 없다.

성공한 사람들의 공통점 가운데 하나가 '매너'라는 점은 잘 알 것이다. 매너는 상대에게 신뢰를 줄 뿐만 아니라 마음을 따뜻하게 하고 기분을 좋게 해주는 마력이 있기 때문이다. 직장생활에서의 셀프 마케팅은 결국 좋은 이미지를 만드는 데 있고, 좋은 이미지는 깔끔한 매너를 갖췄을 때 더욱 빛난다. 하지만 호감 가는 이미지를 형성할 수 있는 방법을 가르쳐주는 사람은 많지 않다. 호감과 비호감을 만드는 2%의 차이, 지금부터 그 방법들을 하나하나 풀어내려 한다. 매너를 통해 당신이라는 사람의 브랜드 가치를 높이기를 바란다. 좋은 매너로 다져진 이미지가 곧 당신의 미래를 밝혀줄 소중한 자산이 될 것이다.

02
첫인상
5초의 법칙

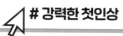

대리 시절, 비서실에 결원이 생겨 안내데스크 직원을 비서로 발탁하기 위해 직장 내 훈련, 즉 OJT를 실시한 적이 있다. 고객만족센터 소속인 안내데스크 근무자는 업무 특성상 직원들의 얼굴을 두루두루 알고 비서실과도 긴밀한 관계를 유지해야 한다. 그렇다 보니 외부 채용보다는 내부 발탁을 하는 것이 업무를 빠르고 쉽게 습득할 수 있다는 이점이 있다.

OJT 대상인 K는 싹싹하고 야무진 데다 업무 처리도 깔끔하다는 평을 듣고 있어 은근히 기대를 했다. 며칠에 걸쳐 OJT를 해본 결과 K는 듣던 대로 센스도 있고 업무 습득 능력도 뛰어나 후배 비서로 탐이 났다. OJT를 시작한 지 열흘쯤 지났을 무렵 K에게 비서실에서 근무할 의향이 있는지를 물었다. 하지만 K는 비서 업무가 자신이 생각한 것보다 어렵고 적성에도 맞지 않는다며 제안을 거절했다. 그러더니 부끄러운 듯 나에 대한 얘기를 했다.

안내데스크에서 바라본 나는 영화 〈악마는 프라다를 입는다〉의 편집장 같은 캐릭터였다고 한다. 항상 정장 차림에 딱딱한 말투와 표정이 작은 실수 하나도 용납하지 않을 것 같았단다. 하지만 가까이에서 함께 일해 보니 생각했던 모습과 달라 놀랐다는 것이다. 그러면서 겉으로 보이는 이미지로만 사람을 평가하는 것이 얼마나 위험한지를 깨달았다는 말을 덧붙였다. 비서의 입장에서 고군분투하는 영화 속 주인공에 감정을 이입했던 나는 뜻밖의 얘기에 한 번 놀라고, 내가 그런 이미지를 갖고 있었다는 사실에 두 번 놀랐다.

"첫인상을 만들기 위해 당신에게는 단 한 번의 기회가 있다."는 말이 있다. 첫인상은 매우 짧은 시간에 형성되고, 한 번 만들어진 첫인상은 시간이 지나도 쉽게 바뀌지 않는다는 의미다. 첫인상이 중요한 이유도 마찬가지다. 일단 한 번 형성된 인상은 쉽게 바뀌지 않기 때문이다. 연구에 의하면 누군가를 만나 상대의 이미지를 평가하는 데는 대략 15초가 걸리지만 첫인상을 파악하는 데는 5초도 채 걸리지 않는다고 한다. 자신이 생각하는 자신의 이미지와 다른 사람이 생각하는 이미지가 다른 경우가 많은데, 그런 면에서 좋은 첫인상을 남기는 것은 추후의 관계에도 큰 영향을 미친다.

첫인상이 오래 가는 이유

대부분의 직장인들은 어렵게 면접을 통과한 사람들이다. 면접관과 지원자가 처음 대면하는 자리에서의 첫인상은 합격과 불합격을 결정하는 데 매우 중요한 역할을 한다. 미국 프린스턴대학 심리학과의 알렉산더 토도로프 교수팀에 의하면 타인의 얼굴을 보고 매력이나 호감도, 신뢰도, 공격성 등을 판단하는 데 걸리는 시간은 0.1초 미만이라고 한다. 캘리포니아주립대학 심리학과 교수인 알버트 메라비안의 연구 주장 역시 첫 인상이 얼마나 중요한지 알려준다. 그에 의하면 한 번 형성된 첫인상을 바꾸려면 최소 60번 이상의 만남이 필요하거나 다른 이미지로 노출되어야 한다. 비호감을 호감으로 만들기 위해서는 60번의 만남이 필요하다는 말이다. 심리학에서는 이를 '초두 효과Primacy Effect'라고 하여 먼저 제시된 정보가 나중에 알게 된 정보보다 더 강한 영향력을 발휘한다고 말한다.

예를 들어 새로운 직장 동료를 보고 저 사람과는 친해질 수 없을 것 같다는 첫 느낌을 받았다고 가정하자. 그런데 얼마 간 함께 일하고 사적인 자리에서 몇 번 마주치는 과정에서 그 동료가 생각했던 것보다 괜찮은 사람이라는 느낌을 받았다. 그렇다면 그에 대한 인상이 바로 긍정적으로 바뀔까? 그렇지 않다. 그에 대한 직감적인 반응은 첫인상에 의해 좌우될 확률이 높다.

연구에 따르면 우리의 뇌는 경험을 받아들여 이를 규칙으로 저장하는데, 이때 예측을 벗어난 경험을 하게 되면 이를 무시하는 성향이 있다. 이는 한 번 내린 자신의 판단을 부정하지 않으려는 부정성의 법칙에 기인하며, 이것이 바로 첫인상이 오래가는 이유다.

초두 효과는 '맥락 효과context effect'로 이어지기 쉽다. '후광 효과halo effect'라고도 하는 맥락 효과는 처음에 알게 된 정보에 나중에 알게 된 새로운 정보들이 더해져 전반적인 맥락을 제공하는 것을 말한다. 즉 처음에 긍정적인 정보를 얻은 대상에 대해서는 이후에도 긍정적으로 생각하려는 경향을 보이는 현상이다. 잘생긴 사람은 성격도 좋을 것이라 생각하거나 좋은 인상을 받은 사람에 대해선 인간성은 물론 다른 부분도 좋을 것이라고 생각하는 것이 그 예다. 실제로 첫인상이 좋은 직원은 업무 능력에서도 긍정적인 평가를 받고 큰 문제없이 순탄하게 직장생활을 하는 경우를 종종 볼 수 있다. 첫인상이 직장생활에 미치는 영향력은 이렇게나 크다.

한편 '마이너스 효과'도 첫인상에 크게 작용한다. 좋은 면과 나쁜 면을 함께 가지고 있을 때 그 사람의 인상은 중간이 아니라 나쁜 쪽으로 기운다. 나쁜 점이 좋은 점보다 인상에 미치는 영향이 크기 때문이다. 가령 어떤 직원이 일은 잘하는데 지각을 자주 한다면 일을 잘하는 이미지보다 지각을 자주 하는 이미지가 더 크게 인식되는 것이다. 보고는 잘하지만 인사를 제대로 하지 않으면 보고를 잘하는 것이 아무런 의미가 없게 되는 경우도 있다.

아직 이렇다 할 업무 능력이나 실적을 보여줄 기회가 적은 신입사원에게 첫인상은 업무 능력보다 중요한 이미지 커뮤니케이션 수단이 될 수 있다. 특히 신입사원은 좋은 이미지를 형성하기 위해 초두 효과와 맥락 효과를 둘 다 신경 써야 한다. 명심하라. 한 번에 쌓을 호감을 60번에 걸쳐 다시 쌓는 수고는 하지 말자. 무엇보다 중요한 것은, 첫인상으로 형성된 좋은 이미지가 계속 유지될 수 있도록 끊임없이 태도와 자세를 살피고 노력하는 것이다. 이것이 바로 이미지 메이킹의 시작이다.

얼마 전 있었던 정기 인사에서 기획팀의 A와 B의 엇갈린 희비에 직원들의 관심이 집중되었다. A는 대리로 승진을 했지만 B는 승진에서 누락됐다. 그 이유에 대해 직원들 사이에 이러쿵저러쿵 말이 많았다. 기획팀의 두 직원은 경력이나 업무 실적은 비슷했지만 평소 사람을 대하는 태도와 표정이 다르고, 이에 따른 상사들의 평도 약간 달랐다. A는 표정이 밝고 주변 사람들까지 기분 좋게 하는 스타일로, 다른 부서의 협조를 구하는 일도 쉽게 처리했다. 반면 B는 평소 말수가 적고 점잖은 편이지만 표정이 거의 없는 일명 '뚱'한 스타일로, 타 부서나 다른 사람들과 협력하는 일이 원활하지 않아 종종 업무에 차질을 빚곤 했다. 그녀들의 평소 표정이나 태도가 상사의 고과에 영향을 미쳤을 것이라는 것이 직원들의 반응이었다. 작년 이맘때 쯤, 기획팀장이 같은 상황에 대한 두 사람의 반응이 다르다고 했던 말이 문득 떠올랐다. A는 잘못을 지적해도 서운한 기색 없이 밝은 표정으로 다시 해보겠다고 해서 더 혼낼 것 없이 넘어가게 된다고 했다. 하지만 B는 잘못을 지적하면 기분 나쁜 표정은 물론이고, 그럴 수밖에 없었다는 변명까지 하니 그 모습이 실망스럽다는 것이다.

유대 속담에 "미소 짓지 않으려거든 가게 문을 열지 말라."고 했는데, 요즘은 서비스 직종뿐만 아니라 일반 사무직 직원들에게도 '미소 훈련'을 하는 회사가 많다. 밝은 표정과 미소 띤 얼굴로 업무에 임하면 동료들과의 불편함도 덜하고, 회사 분위기도 좋아지기 때문이다. 신입 사원의 경우 실적보다 태도가 중요한 평가 수단이 될 수 있는 만큼 신입 사원의 밝고 긍정적인 에너지는 평가 요소로 작용하기도 한다.

얼굴은 내 것이지만 표정은 상대방의 것

밝은 표정의 이미지를 형성하는 데 가장 효과적인 방법은 미소다. 미소의 효과는 매우 다양한데, 가장 큰 것은 마인드 컨트롤 효과다. 기분이 좋아서가 아니더라도 의식적으로 웃으며 일하다 보니 기분이 좋아지는 경험을 한 적이 있을 것이다. 심리학 이론 가운데 '제임스-랑게 이론James-Lange Theory'이 있다. 신체 변화가 정서를 결정한다는 논리로, 흔히 알고 있는 정서가 신체를 지배한다는 논리와 반대되는 얘기다. 사람이 슬퍼서 우는 것이 아니라 울기 때문에 슬퍼지는 것이고, 기쁠 때는 웃기 때문에 더욱 즐거워진다는 말과도 상통한다. 실제로 평소에 많이 웃고 미소를 많이 지을수록 웃을 일이 더 많아진다. 심지어 억지로 웃을 때도 정말로 웃을 때와 비슷한 화학 반응이 일어난다고 한다. 심리학에서는 미소의 이런 효과를 가리켜 '안면피드백 이론Facial feedback Theory'이라고 한다.

밝은 표정이나 미소를 짓고 있는 사람에게 호감이 가는 것은 당연하다. 환한 미소보다 좋은 화장은 없다는 말처럼 웃는 사람은 찡그린 사람에 비해 예뻐 보이거나 잘생겨 보인다. 실제로 한 연구 결과에 따르면 사람은 웃는 사람에게 자동적으로 끌리게 되어 있다고 한다. 미소 짓는 사람에게 우호적인 감정이 생기고, 그래서 웃는 사람 주변에는 늘 사람이 많이 모인다. 이처럼 웃음은 상대방에게 호감을 준다.

밝은 표정과 미소는 타인의 기분까지 좋게 하는 감정이입의 효과도 있다. 아침 출근 시 옆자리 동료가 밝은 미소로 인사를 하고, 정겹게 말을 건네면 덩달아 기분이 밝아진다. 반대로 옆 사람이 찡그리거나 뚱한 표정을 짓고 있으면 내 기분까지 덩달아 나빠진다. 이처럼 미소는 자기 자신뿐만 아니라 타인에게도 영향을 미친다. 이는 웃음의 전염 효과 때문이다. 웃음은 행복과 즐거운 환경에 대한 자연적인 반응이다. 웃는 행동 자체가 나를 행복하게 만들면서 다시 행복감으로 인해 웃게 된다. 이른바 웃음의 긍정적 순환이다.

우리는 기쁨을 느낄 때 미소를 짓는다. 웃을 때 근육의 움직임은 과학적으로도 건강에 유익하다. 미국 로마린다 의과대학의 리버크 교수는 심리신경 면역학 연구학회에서 웃으면 면역 기능이 강화된다고 했다. 스탠퍼드 의과대학의 윌리엄 프라이 교수도 웃으면 엔도르핀의 작용으로 병원균에 대한 저항력이 증대하고 스트레스가 감소한다고 했다. 웃는 행동은 기분을 좋게 하는 동시에 천연 진통제 역할을 하는 엔도르핀과 도파민, 세라토닌의 방출을 촉발하는 인지적 반응을 하는 것이다. 뿐만 아니라 웃음 띤 얼굴로 일을 하면 기분이 좋아지고 업무 효율도 높일 수 있다.

내 주변에 좋은 사람들을 많이 모이게 하고, 업무 성과를 더욱 높이고, 나의 이미지를 긍정적으로 인식시키고 싶다면 미소 띤 얼굴을 유지하기를 권한다. 얼굴은 나의 것이지만 내 표정은 상대방의 것이라는 사실을 기억하자.

04
자세만으로도
자신감 뿜뿜

비서실의 후배 여직원 한 명은 키가 커서인지 등이 구부정해서 상사나 선배들에게 등을 펴라는 지적을 종종 받는다. 등이 꼿꼿하지 않으니 자신감이 없어 보인다거나 게을러 보인다는 오해를 받기도 한다. 뿐만 아니라 자세가 바르지 않아 골반이 틀어지니 스커트를 입으면 늘 한쪽으로 돌아가 있어 수시로 스커트 위치를 확인해야 한다. 후배가 틀어진 골반으로 인한 허리 통증과 생리통을 호소할 때마다 안타까운 생각이 들곤 했다.

자세는 그 사람의 내면을 어느 정도 반영한다. 주눅이 들거나 자신이 없으면 나도 모르게 어깨가 처지게 되고, 자신이 넘치고 당당하면 어깨도 으쓱해지기 때문이다. 멋진 자신의 모습을 원한다면 우선 자세를 곧고 바르게 하는 것이 중요하다. 특히 비즈니스 미팅에서 자세는 매우 중요한 역할을 한다. 꼿꼿하고 바른 자세는 상대에게 좋은 인상과 호감을 줄 뿐만 아니라 자신감을 뿜어내는 효과가 있기 때문이다. 한마디로 바른 자세를 취하면 복장의 품위도 돋보이고 호감도도 높일 수 있다. 반대로 아무리 값비싼 슈트와 액세서리로 스타일링을 한들 자세가 나쁘면 그 가치가 감소할 수밖에 없다. 당당하면서도 공손한 자세로 하는 말이 움츠리거나 구부정한 자세로 하는 말보다 신뢰가 느껴지는 것은 당연하지 않을까? 바른 자세라고 해서 항상 허리를 꼿꼿하게 펴고 긴장한 상태로 있으라는 것이 아니다. 고개를 반듯하게 하고 어깨는 자연스럽게 힘을 뺀 상태에서 가슴은 펴고 배에 힘을 살짝 주는 정도면 된다. 평소 자신의 자세를 의식해 자세가 비뚤어졌다면 수시로 수정하는 훈련을 하면 도움이 된다.

곧고 바른 자세에서 자신감이 나온다

하루 종일 컴퓨터 앞에 앉아 일하거나 휴대폰을 들여다볼 일이 잦은 직장인들은 딱딱해진 어깨 통증을 호소하는 경우가 많다. 나쁜 자세가 습관화되면 근육이 굳어 뭉치거나 늘어나서 약해지고, 결국 건강에 문제가 생긴다. 특히 목을 앞으로 쭉 뺀 거북목 자세로 장시간 일을 하면 목과 어깨 주변 근육에 무리가 가 어깨 통증은 물론이고 심할 경우 두통까지 유발할 수 있다. 이를 방지하기 위해서는 자주 의식적으로 고개를 뒤로 젖혀 스트레칭을 해주는 것이 좋다.

또한 평소 바른 자세를 유지한다고 해도 의자에 너무 오랜 시간 앉아 있는 것은 좋지 않다. 연구 결과에 의하면 앉은 자세는 서 있는 자세보다 허리에 8배 이상 무리를 준다고 한다. 또 같은 자세로 오래 앉아 있으면 혈액 순환이 어려워지고 심장병이나 당뇨, 변비 등에 걸릴 위험도 증가한다. 업무 중간중간 자리에서 일어나 허리를 펴거나 움직이는 것이 도움이 된다.

책상에 앉을 때는 의자 높이를 모니터 눈높이에 맞추는 것이 좋다. 또 의자를 최대한 몸 쪽으로 당겨 의자 등받이에 엉덩이가 닿도록 하여 몸을 기역자 형태가 되게 하면 자연스럽게 자세를 꼿꼿이 유지할 수 있다. 걸을 때도 명치를 들어 올린다는 생각으로 등을 곧게 세우고 어깨를 펴고 걸으면 자신감도 있어 보이고 자세도 바로잡을 수 있다.

여성의 경우 높은 굽의 구두로 인해 엉거주춤하거나 부자연스러운 걸음걸이가 연출되는 경우가 많다. 하지만 지나치게 높은 굽의 신발은 건강뿐만 아니라 걸음걸이에도 악영향을 미칠 수 있으니 주의해야 한다. 걸을 때는 앞을 보고 다리를 앞으로 힘차게 내미는 모습으로 걸으면 적극적인 모습을 연출할 수 있으므로 의식하면서 걷는 것이 좋다.

자신의 자세나 걸음이 바른지 확인하려면 신발 밑창이 닳는 것을 보면 알 수 있다. 대부분의 한국인들은 오른쪽에 무게 중심을 두고 있기 때문에 구두 밑창의 오른쪽 바깥이 닳아 있는 경우가 많다고 한다. 이 경우 대부분 오른쪽 어깨가 처져 있거나 왼쪽 허리가 내려가 있을 확률이 높다. 서 있거나 앉아 있을 때 등을 곧게 펴는 것부터가 바른 자세의 기본이다. 무의식적으로 고개를 떨구는 습관이 있다면 의식적으로 정면을 바라보는 연습을 할 필요가 있다. 활짝 펴진 어깨와 곧게 뻗은 다리는 걸음걸이에서부터 자신감, 당당함, 세련됨이 느껴지고 이미지를 한층 돋보이게 해준다는 것을 잊지 마라.

옷 입는 건 개인 취향?
제대로 입어야 굿 매너

 # 패션 센스

    지난달 홍보팀에 입사한 P가 우리 회사에 들어오기 전 모 기업에 면접을 보러 갔을 때의 에피소드라며 얘기를 꺼냈다. 면접 복장이 '자유 복장'이란 말에 차이나칼라 셔츠에 검정색 슬랙스로 나름 깔끔하게 차려 입고 갔는데, 막상 가보니 P만 빼고 약속이라도 한 듯 모두 정장 차림으로 온 게 아닌가. 당황하여 어쩔 줄 모르고 있는데, 너무 편하게 입고 온 거 아니냐는 인사 담당자의 말에 한마디로 '망했다'는 생각이 들었다고 한다. 그러면서 P는 왜 '자유 복장'이라고 명시했는지 모르겠다는 말을 덧붙였다.

    최근 상당수의 회사가 자유 복장 면접을 도입하고 있다. 취업 준비생들의 정장 구매 비용 부담을 줄이고 편안한 분위기 속에서 면접을 보겠다는 취지다. 하지만 P의 사례처럼 자유 복장이라는 말에 낭패를 본 사례가 속출하니 속 편하게 정장을 입는 지원자가 늘고 있다고 한다. 물론 기업에서는 복장이 합격과 불합격의 결정적인 요인은 아니라고 하지만 취업 준비생 입장에서는 어떻게 입을지 고민되는 것이 사실이다.

직장에서 신입사원의 복장에 대한 기대와 평가도 면접 기준과 비슷하다. 복장이 첫인상에 큰 영향을 주기 때문인데, 일명 '제복 효과'라 할 수 있다. 한 심리학자가 복장이 주는 무언의 이미지와 그 영향력을 알아보는 실험을 했다. 자신의 조교 한 명에게는 평상복을 입고 교통정리를 하게 하고, 다른 조교에게는 제복을 입혀 교통정리를 하게 했다. 결과가 어땠겠는가? 예상대로 제복을 입은 조교에 대한 사람들의 신뢰도가 월등히 높았다.

옷이란 입어서 편안하고 깨끗하기만 하면 된다고 생각하기 쉽다. 하지만 직장생활에서 복장은 비즈니스의 중요한 전략적 수단의 하나다. 특히 비즈니스 미팅에서 복장과 이미지는 관계를 좌우하는 역할을 한다. 중요한 비즈니스에서 복장으로 인해 좋지 않은 인상을 남기는 일이 없어야 한다는 의미다.

외모나 복장만으로 사람을 평가하는 것이 바람직하지는 않지만 오랫동안 알고 지낸 사이가 아닌 이상 대부분은 첫 만남에서 눈에 보이는 겉모습으로 1차적인 판단을 하기 마련이다. 이렇듯 용모는 다른 어떤 부분보다 상대방에게 쉽고 빠르게 인상을 심어주기 때문에 이를 잘 활용하면 유용한 어필 수단이 될 수 있다. 지저분하고 단정하지 못한 복장을 한 직원과 깔끔하고 단정한 복장을 한 직원 중 누가 더 좋은 평가를 받을지는 굳이 말하지 않아도 알 것이다.

T.P.O에 맞는 복장

정장 차림으로 등산을 한다면 매우 불편할 것이다. 당연한 말이지만 체육대회를 할 때는 몸을 자유롭게 움직일 수 있고 찢어지거나 망가질 염려가 없는 복장이 좋고, 문상을 갈 때는 가능하면 검은 색상의 점잖은 복장이 바른 옷차림이다. 이렇듯 복장은 청결과 멋, 스타일이 중요하다. 하지만 그보다 더 중요한 것이 있는데, 바로 T.P.O다. Time, Place, Occasion의 머리글자를 딴 것으로, 옷을 입을 때는 시간, 장소, 경우에 따라 착용하는 것이 중요하다는 의미다.

프로다운 직장인의 당당한 이미지는 직업에 적합한 옷차림을 제대로 갖춰 입는 데서 나온다. 더불어 자신의 직업에 어울리는 복장은 옷 본연의 기능뿐만 아니라 자신을 알리는 명함이 될 수 있다. 따라서 사회생활을 하는 직장인은 자신이 입고 싶고 좋아하는 옷을 입는 것도 중요하지만 상대에게 호감을 줄 수 있는 복장을 갖추는 것도 중요하다. '내가 편한 옷을 입지 말고 상대방이 봤을 때 좋은 옷을 입으라'는 표현은 그런 뜻이다.

신입사원의 복장은 아무래도 선배에 비해 더 눈에 띄고, 첫인상과 초기 이미지 형성에 중요한 작용을 할 수밖에 없다. 복장 규정이 캐주얼이라고 해도 신입사원이라면 일정 기간은 점잖은 복장을 입으라고 말하고 싶다. 넥타이까지 갖추지는 않더라도 선배나 상사에 대한 예의, 신입사원으로서의 기본 자세를 갖췄다는 느낌을 풍기는 것이 중요하기 때문이다. 자신의 능력을 평가 받기 전에 복장으로 인해 좋지 않은 선입견이 생기지 않도록 하라. 직장인에게 있어 복장은 무언의 명함이다.

06
몸매 관리가
자기 관리 기준이라고?

몸매 관리

얼마 전 강의 잘하기로 소문난 연수팀 K과장이 신입사원 교육 강사진에서 제외되었다. 최근 살이 많이 찐 모습을 본 임원진이 '자기 관리도 제대로 못하는 사람이 다른 직원을 교육하는 것은 바람직하지 않다'는 이유로 강사에서 탈락시킨 것이다.

K과장이 최근 살이 많이 찐 것은 사실이다. 살이 찌니 몸이 무거워 운동을 게을리 하게 되고 아무래도 몸에 잘 맞는 정장보다는 편한 옷을 즐겨 입었는데, 그런 모습이 윗사람들에게는 좋지 않게 보였던 모양이다. 물론 K과장의 강사 탈락 사유가 단순히 몸매 때문은 아니겠지만, 몸매 관리를 잘하는 사람들이 대체로 자기 관리에 철저한 건 사실이다.

패션은 개인을 상징하는 아이콘이 되기도 할 만큼 이미지에 미치는 파급 효과가 크다. 사람들은 '패션'이라고 하면 흔히 옷을 떠올리는데, 사실 패션이라는 말은 '만드는 일', '활동', '유행'이라는 의미까지 포함한다. 단순히 옷이나 가방, 액세서리 등이 패션의 전부가 아니라는 뜻이다. 이런 추세 때문인지 최근에는 자신을 가꾸는 남성이 눈에 띄게 많아졌다. 여성뿐만 아니라 남성들 사이에서도 다이어트는 이제 필수가되었다. '담배 끊는 독한 사람과는 친구도 하지 말라'는 우스갯소리가 요즘은 '다이어트에 성공하는 독한 사람과는 친구하지 말라'는 말로 바뀌어 사람들의 공감을 얻고 있기도 하다. 살을 빼거나 몸매 관리를 하는 것이 그만큼 어렵다는 의미일 것이다.

외모 관리는 곧 건강 관리

기왕 몸매 관리를 위해 다이어트를 하겠다고 마음먹었다면 단순히 살만 빼기보다는 건강한 다이어트를 해야 한다. 다이어트를 할 때 가장 많이 선택하는 방법이 식사를 거르거나 양을 줄이는 것이다. 하지만 굶어서 살을 빼거나 짧은 기간 급격하게 하는 다이어트는 먹으면 다시 본래보다 살이 더 찌는 요요 현상을 가져올 수 있다. 또 살을 빼야 한다는 생각에 스트레스가 심해지고 식욕이 더욱 강해지는 부작용을 초래하기도 한다. 이런 과도한 다이어트를 자주 반복할 경우 기초대사량이 줄어들어 오히려 물만 먹어도 살이 찌는 체질로 변할 수 있고, 영양이 불균

형한 식사는 면역력을 감소시켜 건강을 해칠 염려가 있으므로 주의해
야 한다.

관건은, 음식 종류나 양을 지나치게 제한하지 않고 골고루 섭취하여
영양의 균형을 맞추는 것이다. 특히 직장인들은 책상에 앉아서 근무하
는 시간이 길기 때문에 뱃살이 나오기 쉬우므로 가능하면 틈틈이 몸을
움직이는 것이 좋다. 시간 여유가 된다면 일주일에 2~3회 정도는 시간
을 내서 유산소 운동이나 근력 운동을 하기를 권한다. 이렇게 평소 자
신이 할 수 있는 범위에서 꾸준한 운동 습관을 들여놓으면 다이어트 스
트레스 없이 몸매를 관리하고 유지할 수 있다. 하지만 살이 찌더라도
도저히 참을 수 없는 음식이 있거나 꿈에도 나올 만큼 꼭 먹고 싶은 음
식이 있다면 일주일에 한 번 또는 주말이나 연휴 때 치팅데이를 정해 스
스로에게 보상을 해주는 것도 괜찮은 방법이다. 물론 먹은 만큼 움직이
는 것은 필수다.

요즘은 시간을 내 운동을 다니는 것이 여의치 않는 직장인들 사이에
서 집에서 운동하는 홈트, 즉 홈트레이닝이 인기를 끌고 있다. 홈트는
바쁜 시간을 쪼개 헬스장이나 특정 장소에 가야 하는 번거로움을 줄여
주고 비용도 저렴하다는 점에서 인기다. 특히 유튜브나 온라인을 통해
운동법 영상이 공유되면서 적당한 기구만 준비하면 집에서도 전문가
못지않은 트레이닝을 할 수 있다. 게다가 최근 들어서는 미세먼지와 코
로나19의 영향으로 홈트족이 더 늘어나는 추세다.

나도 일찍 퇴근하는 날에는 저녁을 가볍게 먹고 집 근처 공원을 빠른

걸음으로 산책하거나 잠자리에 들기 1~2시간 전에 휴대폰 어플을 통해 근력 운동을 한다. 덕분인지 체중 변화가 크지 않아 10년 전에 산 옷도 지금까지 입고 있다. 건강을 지키며 몸매도 관리할 수 있는 자신만의 노하우를 만들어 보라. 직장인에게 있어 체중 관리는 곧 건강 관리다. 롱런하기 위해서는 건강한 자기 관리로 셀프 이미지 메이킹을 할 필요가 있다.

07
목소리에서
표정이 보인다

 # 목소리 관리

그림에 대한 감각도 없고 미술을 잘 모르지만 기회가 되면 나는 가끔 미술관을 찾는다. 하지만 작품과 제목을 놓고 유추해 보려 해도 작가의 의도를 명확히 파악하여 작품을 이해하는 일은 쉽지 않다. 다행히 도슨트의 설명을 들을 수 있는 경우라면 작품을 이해하는 데 큰 도움이 된다. 얼마 전 찾은 국립현대미술관 전시회에서 만난 도슨트는 발음이 정확하여 잘 들리기도 했거니와 차분하고 담백한 목소리에서 신뢰와 호감이 느껴졌다. 도슨트의 매력적인 목소리 덕분인지 작품을 이해하는 수준을 넘어 감동할 만큼 깊은 인상을 받았다.

얼마 전 참석했던 모 대학의 박사 과정 논문 심사장에서도 목소리의 힘을 느꼈다. 심사할 논문이 3건이나 되는지라 5명의 심사위원들은 사적인 대화를 생략한 채 간단한 인사만 나누고 바로 심사에 들어갔다. 심사를 진행하는 논문심사위원회의 위원장은 한 국립대학의 교수로, 나는 그분이 초면이었다. 부드럽고 차분하면서도 분명한 그분의 목소리를 들으며 교수라는 직업이 잘 어울린다는 생각이 들었다. 목소리 자체만으로 말의 내용과 상관없이 그분에 대한 신뢰가 느껴졌고, 외모나 지성을 확인하지 않아도 이성적이고 지적일 것 같다는 느낌을 받았다.

몇 번의 이런 경험을 통해 나는 목소리가 이미지에 미치는 영향을 확인했다. 미국의 사회심리학자인 앨버트 메라비언은 의사소통을 할 때 영향을 미치는 요소와 그 비중을 '음성(38%), 표정(35%), 태도(20%), 정보(7%)'라고 했다. 의사소통에서 말하는 내용이 차지하는 비중은 고작 7%인 반면 비언어적인 요소는 훨씬 큰 비중을 차지한다. 그중에서도 음성, 즉 목소리가 차지하는 비율은 38%로 가장 높다.

신뢰 받는 목소리를 만들려면

목소리는 머릿속에 있는 정보를 다른 사람에게 전달하는 표현 도구다. 오디오로 치면 '스피커'에 해당하는데, 스피커 성능이 좋을수록 듣기 좋은 소리가 나오듯 좋은 목소리가 다른 사람에게 내 이미지를 결정짓게 하는 요소임에는 틀림없다.

좋은 목소리는 듣는 사람의 마음을 편안하고 기분 좋게 한다. 면접을 보거나 미팅을 할 때 외모나 이미지만큼 목소리가 평가에 큰 비중을 차지하는 것도 사실이다. 누군가를 설득하거나 프레젠테이션을 하는 경우에는 더더욱 그렇다. 말의 스킬이 뛰어난 달변가도 좋지만 따뜻하고 신뢰할 수 있는 사람이라는 느낌을 전하는 것이 사람과의 관계에서는 더 중요하기 때문이다. 그래서인지 최근에는 목소리나 발성 전문가들이 운영하는 목소리 학원이 인기를 끌고 있다. 효과적이고 매력적인 목소리를 내기 위해 보이스 트레이닝을 받는 것이다.

나도 발성 교정과 보컬 향상을 위해 전문가를 찾아간 경험이 있다. 트레이너는 내 목소리를 듣더니 상담사나 안내원처럼 늘 상냥하고 밝은 목소리로 일해야 하는 직업을 가졌느냐고 물었다. 그러면서 수업 중에 내 목소리를 녹음해서 들려주었는데, 쥐구멍이라도 있으면 들어가고 싶은 심정이었다.

목소리는 선천적으로 타고나지만 나이와 직업, 환경에 따라 또 노력에 의해 어느 정도 변화시킬 수 있다. 전문가들은 훈련을 통해 신뢰를 주는 목소리로 바꿀 수 있다고 말하는데, 몇 가지 방법을 알려주면 다음과 같다.

먼저 일상에서 좋은 목소리를 내기 위해서는 물을 많이 마시고, 술담배를 피해야 한다. 평소에 목을 혹사시키지 않는 것은 기본 중의 기본이다. '부르르~' 소리를 내며 입술을 터는 립트릴 운동을 통해 조음기관을 트레이닝하는 것도 방법이다. 턱을 내미는 것처럼 목소리에 나쁜 영향을 주는 습관을 고치고, 의식적으로 목이 허리와 일직선이 되도록 자세를 잡는 것도 도움이 된다. 호흡을 느리고 길게 내쉬면 목소리가 탄탄해지므로 호흡을 짧게 했다 느리게 했다를 반복하면서 호흡이 안정될 수 있는 복식 호흡을 연습하면 된다.

조사나 어미를 내려서 말하는 것도 방법이다. 어미나 조사를 올리거나 힘주어 말하면 정작 중요한 키워드를 명확히 전달하기 어렵다. "○○ 해 주서서 감사합니다."라고 할 때 ○○은 강하게 말하고, 어미인 "~니다."는 내려서 말하는 것이다. 또한 톤을 낮추면 훨씬 더 깊고 울림 있는 목소리를 연출할 수 있다. 음색을 바꾸는 것이 쉽지는 않지만 이런 연습을 꾸준히 하면 보이스 이미지를 업그레이드 시키는 데 도움이 된다.

목소리가 주는 힘은 크다. 목소리만으로도 매너가 느껴지고 신뢰를 줄 수 있는 커뮤니케이션의 달인에 한 발짝 더 가까워져 보는 것은 어떨까.

08
물어서 배우고,
배운 것은 익혀라

 # 질문 요령

기획팀 H과장이 신입사원 B에게 호통을 치고 있다.

"입사한 지 3개월이나 지났는데 그것도 몰라? 모르면 물어봐야지. 왜 물어보지도 않고 멋대로 처리하는 거냐고!"

B는 선임인 H과장에게 물어보고 싶었지만 이런 것도 모르냐고 타박 받거나 우습게 보일까봐 걱정돼 혼자 알아서 업무를 처리했다. 그리고 지금 엄청나게 혼이 나는 중이다. 이제 사회 초년생인 신입사원이 가장 돋보일 수 있는 모습은 업무 실적이나 성과가 아닌 노력하는 자세다. 아무리 똑똑한 신입사원이라 해도 업무에는 아직 서툴고 부족할 수밖에 없다. 그럼에도 돋보이는 사람이 있다면 그는 아마도 엄청 애쓰고

있는 중일 것이다.

신입사원에게는 특권이 있다. 어느 정도의 실수는 용서받을 수 있고, 잘 모르는 것이나 궁금한 것은 물어볼 수 있다는 것이다. 알려줘도 계속 모르면 문제가 되겠지만 입사 후 3개월 정도까지는 크게 흠이나 흉이 되지 않는다. 오히려 업무에 적극적이라는 좋은 평판을 들을 수 있는 기회다. 다시 말해, 신입사원의 필살기는 모르는 것은 물어서 배우려 하고, 배운 것을 익혀 시간 낭비를 줄이려는 모습이다. 그러니 애매하고 헷갈리는 것은 일단 물어보고 확인하라. 작고 사소한 것이라고 혼자 판단하고 결정했다간 B처럼 낭패를 볼 수 있다.

당연하지만, 한 번 알려준 것은 꼼꼼하게 메모하고 신속하게 숙지하여 같은 질문을 두세 번 하지 않아야 한다. 같은 질문과 같은 실수를 반복하지 않는 것도 신입사원의 자세다. 똑같은 잔소리를 두 번 이상 하거나 똑같은 실수를 반복하게 되면 상사나 선배의 입장에서는 그 사람에 대한 신뢰에 의문이 생길 수 있기 때문이다. 기억하라. 신입 때는 자신의 역할에만 충실해도 충분히 빛난다.

모르는 것을 안다고 하지 마라

종종 신입사원을 무시하고 업무를 쉽게 가르쳐주지 않는 상사도 있지만 대부분의 선배나 상사는 열심히 하려고 애쓰는 신입사원을 기특하게 여기며 일을 가르쳐준다. 그런 만큼 신입사원일 때 최대한 많이 물어보고 배워서 되도록 빨리 내 것으로 만들어야 한다. 그런데 신입이라고 해서 질문만 하는 것이 아니다. 질문을 받는 순간도 꽤 많은데, 이때 긴장하고 당황해서 뭐라고 대답해야 할지 몰라 우왕좌왕할 수 있다. 신기하게도 상사들은 내가 모르는 것만 콕 집어서 물어보는 능력이 있다는 생각도 들 것이다. 이때 당황해서 모르는 것을 괜히 아는 척했다가는 낭패를 볼 수 있다.

질문이 들어오면 일단 침착하게 내가 답변할 수 있는 질문인지를 파악해야 한다. 내가 담당하는 업무가 아니거나 모를 때는 "그 부분은 제가 담당이 아니라 모르겠습니다. 담당에게 전달하여 확인한 뒤에 보고 드리겠습니다."라고 하면 된다. 내 업무지만 모를 때도 있을 것이다. 이때는 "죄송합니다. 제가 미처 파악하지 못했습니다. 바로 파악하여 보고 드리겠습니다."라고 대답한다. 알긴 아는데 확실하지 않을 때는 "이러이러하다고 알고 있습니다만, 다시 한 번 정확히 확인한 뒤에 보고 드리겠습니다."라고 정직하게 대답한다.

회의 중 신입사원에게도 발언권이 생기는 경우가 있는데, 이때는 단순하게 "제 생각은요."라고 말하기보다는 앞서 말한 선배나 상사의 권위를 잠깐 빌리는 것이 좋다. "저도 김 과장님 말씀에 동의합니다. 조금 덧붙이자면……." 이렇게 운을 떼면 생각을 정리해서 말하기가 편하다. 선배나 상사에게 질문을 받았을 때는 말을 많이 하기보다는 아는 것을 확실하게 대답하는 것이 좋다. 모르는 것은 솔직하게 모른다고 답하면 된다.

신입사원 때는 모르는 것이 큰 흉이 되지 않는다. 하지만 모르는 것을 배우려 하지 않는 것은 흉이다. 또 모르면서 아는 척을 한다거나 짐작해서 대답을 한다거나 거짓 보고를 하는 것은 매우 위험하다. 순간의 위기를 모면하기 위해 아는 척했다가 더 큰 위기를 맞는 우는 범하지 마라.

2장

근무 태도 :
성실함을 이기는 무기는 없다

01
인사만 잘해도
존재감 상승

노사업무팀에서 파트너 노무사로 업무를 진행하던 B. 정치외교학을 전공한 그녀는 대학 3학년 때 이미 노무사 자격증을 취득하고, 석사 과정 중에 우리 회사의 노무담당 파트너가 되었다. 평소 무표정한 얼굴에 다소 시니컬한 스타일로 직원들을 마주쳐도 인사를 잘 안 하기로 유명했지만 우리 회사 직원이 아닌지라 아무도 뭐라고 하지못했다. B가 석사 과정을 마칠 즈음 마침 회사에 노무사 채용 계기가 생겼고, 우리 회사 업무와 사정을 잘 아는 B가 자연스럽게 정직원으로 채용됐다.

파트너 노무사에서 정직원이 되고 나서 같은 부서 상사나 동료들이 그녀를 대하는 입장이나 평가 기준이 조금씩 달라지기 시작했다. 파트너 입장일 때는 거래처로 여겨 그냥 넘어갔지만 부하 직원이 되고나서는 평가가 달라진 것이다. 파트너 시절에는 B의 냉정한 모습이 노무사 이미지에 잘 맞는다고 생각했다면 직원이 된 뒤에는 그런 모습이 보기 불편하다는 평가로 이어졌다. 안타깝게도 B는 상사나 선배들에게 그런 내용으로 수차례 지적을 받았고 그럴 때마다 자신의 아이덴티티라고 맞섰지만 결국 입사 1년이 될 즈음 박사 과정을 밟겠다는 이유를 들어 회사에 사표를 내고 떠났다.

'사람 인人'과 '일 사事' 자가 합쳐져 만들어진 '인사人事'라는 단어는 '사람이 마땅히 해야 할 일'이라는 의미. 중의적인 표현으로 쓰이는 '인사人事가 만사萬事'라는 표현도 인사가 인간관계의 기본이며, 직장생활에서 중요한 일이라는 의미로 쓰인다. 신입사원이 가장 많이 하는 것도 아마 자기소개와 인사일 것이다. 신입사원은 회사에서 만나는 사람을 향해, 설령 얼굴을 잘 모르는 사람일지라도 인사를 해야 하는 경우가 많다. 이렇듯 인사는 하루에도 몇 번씩 하는 것으로, 별 것 아니라고 생각할 수 있지만 신입사원에게는 기본 중에 기본이다.

인사 잘하는 사람 싫어하는 사람은 없다

직장인의 인사에는 여러 의미가 있다. 인사는 모든 인간관계의 출발점으로, 자신을 알리는 가장 적극적인 방법이자 상대방이 느낄 수 있는 첫 번째 감동이다. 특히 직장 내 인사는 상대방에게 자신에 대한 좋은 인상을 주는 동시에 팀워크를 증진시키는 효과가 있다. 상사에 대한 존경심, 동료 간의 우정의 표시일 뿐만 아니라 마음가짐의 외적 표현이기 때문이다. 더불어 인사는 자신의 인격과 교양을 밖으로 나타내는 행위로, 직장인으로서 윗사람이나 동료에게 인사로 예의를 지키는 것은 당연한 일로 평가된다.

우선 인사는 상대방을 존중하는 의미가 담겨 있는 만큼 자발적으로 해야 한다. 어쨌든 인사했으니 무슨 문제가 있냐고 생각할 수 있는데, 받는 입장에서는 받고도 불쾌할 수 있기 때문이다. 표정과 말씨, 어조가 삼위일체가 되는 것도 중요하다. 기왕 하는 인사라면 밝은 표정으로 하는 것이 인사를 하는 사람도, 받는 사람도 좋지 않겠는가? 게다가 표정은 겉으로 보여지는 것이므로 상대방이 봐서 좋아야 제대로 된 인사다. 어조 역시 밝아야 한다. 신입사원의 경우 부끄러운 마음에 처음 인사말은 분명하지만 끝을 흐지부지 흐리는 경우가 있는데 인사는 당당하고 분명하게 해야 한다.

인사는 목례, 보통례, 정중례로 나눌 수 있다. 목례는 말 그대로 눈인사라는 의미로, 일상 중에 간단히 주고받는 인사다. 상체를 15도 정도 숙이면 된다. 계단이나 엘리베이터 같은 좁은 장소에서 마주쳤거나 전화 통화 중, 이미 인사를 나눈 윗분을 다시 만난 경우, 상사에게 물건을 전달하거나 보고를 마치고 자리로 돌아갈 때 주로 한다. 보통례는 가장 일반적인 인사로, 상체를 30도 가량 숙인다. 주로 두 직급 이하의 상사 또는 고객을 전송하거나 출퇴근 시에 많이 하는 인사로, 정중하지만 과하지 않은 인사법이다. 정중례는 말 그대로 정중함을 가득 담아 하는 인사다. 상체를 45도 정도 숙여서 하는 인사로 세 직급 이상의 상사 또는 감사나 진심 어린 사과의 뜻을 표현할 때 한다. 어렵고 중요한 자리의 첫 만남처럼 깍듯하게 예를 갖춰야 하는 상황에 주로 하는 인사법이다.

인사를 할 때는 최대한 적극적으로 하는 것이 좋다. 먼저 발견한 사람이 인사를 하는 것이 정석이지만 상대방을 발견하는 순간 내가 먼저 한다는 생각을 가지면 좋다. 인사를 안 해서 문제가 되는 경우는 있어도 인사를 잘해서 문제가 되는 경우는 없기 때문이다. 하루에도 여러 번씩 마주치는 사람의 경우 처음에만 보통례로 인사하고 두 번째 이후부터는 목례만 해도 무방하다.

한 가지 팁, 상대방을 빤히 보다가 하는 인사는 효과가 없다. 눈을 보지 않거나 망설임이 느껴지는 인사, 입으로만 하는 인사나 표정 없는 인사, 고개만 까딱하는 인사 역시 하지 않은 것만 못하다. 복도에서 상사를 만났을 때는 2~3미터 거리에서 잠시 멈춘 뒤 인사를 하고, 직급이 다소 높은 상사일 경우에는 인사 후 자리에 잠시 멈춰 있다가 상사가 지나간 뒤에 움직이면 된다. 계단에서 인사를 하게 되는 경우에는 계단에 발을 딛기 전 하는 것이 좋고, 상사보다 위쪽에 있는 상황이라면 빨리 계단 아래로 내려와 인사할 것을 권한다. 사소함의 차이로 예의 바른 신입이라는 인상을 남길 수 있다.

'센스'와 '싹수'가 순식간에 엇갈릴 수 있는 직장생활, 사회에 첫발을 내딛는 신입사원은 순간의 말과 행동이 자칫 회사 생활 내내 꼬리표처럼 따라 붙을 수 있으므로 부담이 클 수밖에 없다. 신입사원을 보면서 '하나를 보면 열을 안다'는 선배들의 말. 그러한 평가의 대부분이 '인사'로 좌우된다는 더 무서운 사실. 한 가지만 기억하면 된다. 밝게 웃으며 먼저 인사하는 신입사원을 싫어하는 상사나 동료는 없다.

02
상황에 맞아야
제대로 된 인사

분위기 파악

앞에서도 말했지만 신입사원의 경우 인사성이나 인사하는 습관이 직무 능력까지 영향을 미칠 수 있다. 어쩌면 신입사원에 대한 평가 1순위가 '인사성'일지도 모른다. 그렇다 보니 상사들 사이에선 "어느 부서의 누구는 인사도 야무지게 하더군.", "어느 부서의 누구는 인사하는 걸 보니 기본이 안 되어 있더라고." 등의 대화가 심심찮게 오간다. 이렇듯 제대로된 인사는 긍정적인 이미지를 만들고 좋은 평가를 받을 수 있는 첫 번째 항목이다. 물론 인사를 했음에도 불구하고 지적을 받는 당황스러운 경우도 발생하긴 한다.

복도 코너를 황급히 돌다 옆 부서 팀장과 부딪힐 뻔한 A. 당황해서 자신도 모르게 "아이, 깜짝이야!' 하는 말이 튀어나왔고 인사하는 것도 잊었다. 인사를 할 때 가장 당황스러운 순간은 바로 이처럼 예상치 못한 순간과 장소에서 상대를 만났을 때다. 이럴 때는 어떻게 해야 할까?

복도 코너나 출입구 등 예상치 못한 곳에서 상사를 만났을 때는 되도록 놀라는 소리를 내지 않도록 주의한다. 상사가 혼자 있을 때 마주쳤다면 옆으로 비켜서서 가볍게 목례를 하면 된다. 상사가 사외 인사와 함께인 경우에는 멈춰 서서 정중하게 인사하는 것이 좋다. 특히 세면장이나 화장실에서 용무 중 상사를 만났을 때는 큰 소리로 민망하게 인사하기보다 가벼운 목례 정도로 인사를 하면 된다.

이럴 땐 이런 인사

회사 복도에서 옆 부서 팀장이 통화를 하며 걸어오는 것을 본 신입사원 B. 얼른 다가가 허리를 굽히며 평소 배운 대로 밝고 우렁찬 큰 소리로 인사를 한다. "안녕하십니까, 팀장님!" 인사성 밝은 B. 하지만 이 상황에서 B는 지나치게 인사성이 밝아 문제가 된다. 크고 분명한 목소리로 인사를 하는 것은 좋지만 때와 장소를 가려 인사하는 방법을 달리해야 한다. 위 상황처럼 상대방이 통화 중이거나 미팅 중이어서 인사를 받기 곤란할 경우는 눈이 마주쳤을 때 말없이 허리를 굽혀 목례하는 것만으로도 인사는 충분하다.

업무 중 실수를 해서 상사에게 혼이 난 신입사원 C. 상사의 꾸지람이 끝난 뒤에 어떤 말을 해야 할지 몰라 아무 말 없이 서 있다가 또 한 소리를 듣는다. "언제까지 거기 서 있을 거야? 일 안 해!"

상사에게 꾸중을 들었을 때는 어떤 말을 해야 할까? 대부분의 신입사원은 상사에게 꾸중을 들으면 어찌해야 할지 모른다. 억울한 마음에 표정 관리가 안 되는 경우도 많다. 이럴 때는 상사의 말이 끝난 뒤 정중하게 "죄송합니다. 다음부터 주의하겠습니다."라고 말한 뒤 자리로 돌아가면 된다. 기분이 나쁘다고 해서 휙 하고 돌아서서 자신의 자리로 가는 것은 불난 집에 기름을 붓는 것이나 다름없다. 내키지 않더라도 가벼운 목례 후 자리로 돌아가는 것이 좋다.

상사보다 먼저 퇴근을 하게 된 신입사원 D. 자리를 정리한 뒤, 자신의 자리에서 "안녕히 계세요."라고 인사를 한 뒤 조용히 사무실을 나갔다. 겉보기에는 매너를 잘 지킨 것처럼 보이지만 사실 D처럼 상사보다 먼저 퇴근을 하게 된다면 자신의 자리를 정리한 뒤 "일이 있어 먼저 들어가 보겠습니다." 또는 "내일 뵙겠습니다."라고 상사에게 가까이 다가가서 인사를 하는 것이 바람직하다. 다음날이 주말이라면 "좋은 주말 보내세요."라는 긍정적인 메시지도 좋다.

인사말은 상황에 맞춰서 한다. 일상적인 인사말이라도 성의 있게 표현한다면 똑같은 인사라도 받는 느낌이 더 좋을 수 있다. 출근했을 때는 "안녕하십니까? 좋은 아침입니다." 외출할 때와 돌아와서는 "다녀오겠습니다.", "다녀왔습니다."라고 인사하고, 외출하는 사람에게는 "잘 다녀오세요.", "안녕히 다녀오십시오." 외출에서 돌아온 사람에게는

"고생 많으셨습니다.", "잘 다녀오셨습니까." 지시를 받을 때는 "잘 알겠습니다. 바로 조치하겠습니다.", "지시대로 하겠습니다." 등 지시 내용에 맞게 답변한다. 또 업무 중 타인에게 말을 걸 때는 "잠시 여쭤 봐도 될까요?"라고 먼저 상대의 상황이 괜찮은지 살피는 것이 좋다. 상대방을 배려한 기분 좋은 인사는 기분 좋은 이미지를 만든다.

03
출퇴근은
회사와의 약속

올바른 근태

얼마 전 총무팀에 새로 온 신입사원 K. 퇴근할 시간이 다가오
자 고민이 생겼다. 신입사원이라 특별히 업무가 많지 않아 퇴근은 해야
겠는데 상사와 선배들이 자리를 지키고 있으니 뭐라고 하고 나갈지 난
감했다. 결국 개미 소리만 한 작은 소리로 "안녕히 계세요."라고 인사를
하고 나가려는 순간 H팀장이 K를 불러 세웠다.

"K씨, '안녕히 계세요'는 퇴근 인사가 아니라 통보야. 그렇게 하고 퇴
근하는 건 예의가 아니지."

K는 그럼 뭐라고 해야 하나 싶어 당황했고, 그날 이후 퇴근 인사에
대한 트라우마가 생겼다고 한다.

출퇴근 시간은 회사와의 약속이다. 1분이라도 지각해서는 안 된다고 생각하면 된다. 출근 시간은 그 사람의 성실성을 가늠하는 척도가 되기 때문이다. 꼰대라고 여길지 모르지만 신입사원의 출근은 기준 시간 대비 최소 20분 전으로 권하고 싶다. 늦지 않게만 출근하면 되지 왜 20분씩이나 일찍 출근해야 하냐고 묻고 싶을 것이다. 일찍 출근하는 습관을 들여놓으면 좋은 점들이 많기 때문이라고 답하고 싶다. 먼저 그날 해야 할 일을 미리 리스트업 하고, 필요한 서류들을 정리해 놓으면 여유 있는 아침 시간을 보낼 수 있다. 또 다른 사람들이 부랴부랴 출근해 업무 세팅을 하는 동안 사내 인트라넷에 올라온 공지를 꼼꼼히 살필 수 있어 회사에 대한 전반적인 정보를 빨리 습득할 수 있다. 아침에 20분 먼저 출근하는 것은 쉽지 않은 일이다. 하지만 일상화해 놓으면 후회 없는 습관이 될 것이다.

차가 막혀서 지각이라고?

신입사원에게 가장 치명적인 실수는 지각이다. 책임감과 성실성에 대한 선입견이 가장 크게 작용하는 것이 출근 시간이기 때문이다. 아무리 유능한 직원이라도 지각을 자주 하면 좋은 평가를 받을 수 없다. 그러므로 출근 수단이 지연되거나 사고, 폭설, 폭우, 늦잠 등 부득이한 상황이 생겨 지각을 하게 된 날은 꼭 전화로 죄송하다는 말과 함께 사유를 설명하고 예상 도착 시간을 알려야 한다. 물론 연락을 했다고 해서 지각한 상황이 모면되는 것은 아니다. 이유 여하를 막론하고 지각을 이해하지 못하는 상사도 많다. 그런 모든 상황을 감안하여 출근 시간을 잡아야 한다고 생각하는 것이다. 지각 후 회사에 도착하여 혼나는 상황을 피하기 위해 슬그머니 자리에 앉는 것도 바람직하지 않다. 상사에게 가서 인사를 드리고 죄송하다는 말을 덧붙여야 한다. 이때도 변명이 아닌 정확한 상황 설명과 사과가 먼저다.

직장생활을 한 지 20년이 넘은 나는 입사 초부터 지금까지 늘 출근 시간 1시간 전에 도착하는 것을 습관화하고 있다. 일찍 출근하면 교통수단이나 날씨 문제로 출근이 지연되어도 상대적으로 느긋하고, 일찍 자리에 도착해 차나 커피를 마시며 여유 있게 업무를 미리 챙길 수 있기 때문이다. 한결같이 부지런하고 성실한 직원으로 인식되기에도 좋다. 점심시간도 마찬가지다. 최대한 시간을 초과하지 않게 식사를 하고 들어와 양치질까지 하고 규정 시간 전에 자리에 착석하는 것을 원칙으로 삼고 있다.

출근 못지않게 퇴근에도 센스가 필요하다. 주52시간 근무제 시행으로 야근이 많이 줄긴 했지만 '야근이 로또라면 나는 억만장자'라고 했을 정도로 칼퇴근은 여전히 직장인들의 꿈이다. 그날 해야 할 업무를 모두 마치고 퇴근 시간 이후에 퇴근하면서도 상사 눈치를 봐야 하는 직장인들. 퇴근을 바로 못하거나 먼저 퇴근할 때는 애써 핑계거리를 만들어내야 하는 경우도 있으니 안타까운 현실이다. 눈치 보지 않고 칼퇴근하는 날이 오기를 기대하며 간단한 예절 몇 가지를 소개한다.

내 일이 끝났으니 사실 퇴근 시간 이후 아무 때나 가도 되지만 "아직 할 일이 많으세요? 제가 도울 일은 없을까요?"라고 묻는 것만으로도 배려 있는 신입으로 보일 수 있다. 나갈 때는 퇴근 인사를 잊어서는 안 된다. 자기도 모르게 "수고하세요." 또는 "수고하셨습니다."라는 인사를 하는 경우가 있는데, 이 말은 윗사람이 아랫사람에게 하는 인사말이지 부하 직원이 상사에게 하는 인사말로는 적합하지 않다. '수고'는 '괴로움을 받는다'라는 뜻이 있기 때문이다. 이럴 때는 "애쓰셨습니다."라거나 "고생 많으셨습니다."라고 하면 된다.

말 한 마디, 행동 하나가 평가와 비교의 대상이 되는 신입사원 시절은 여러모로 힘들다. 하지만 잘 들여놓으면 편한 것이 인사 습관이다. 잘 숙지해 놓기를 바란다.

04
부재중이지만
부재하지 않은 듯

부재 시 매너

한번은 업무를 막 시작하려는데 모르는 번호로 전화가 왔다. 생소한 번호라 다소 긴장한 상태로 전화를 받았다. 전화는 다름 아닌 입사 3개월 차에 접어든 A의 어머니였다. A가 새벽부터 배가 아파 출근이 어렵겠다는 내용이었다. 마침 오후에 이사회가 있는 날이라 준비할 것이 많은 상황에서 받은 전화인지라 무척 난감했다. 옆에서 전화를 받는 광경을 본 상사가 노발대발 화를 냈다. 몸상태가 좋지 않아 출근을 할 수 없는 것은 어쩔 수 없지만 본인이 직접 전화한 것도 아니고 어머니가 대신 전화하는 게 말이 되냐는 것이었다. 상사의 역정도 역정이지만 나도 매우 당혹스러운 상황이었다.

한참 동안 자리를 비운 마케팅팀 신입사원 B. 온다간다 말도 없이 자리를 비운 B를 찾아 전화를 걸었지만 30분 넘게 통화중이라는 음성만 흘러나온다. 한참 뒤 자리에 온 B에게 어딜 갔다 왔냐고 물으니 집에 일이 생겨 통화를 하고 왔다는 황당한 대답이 돌아왔다.

친구와 여행을 계획한 홍보팀 C. 휴가 계획으로 신이 나 여기저기 예약은 물론 먼저 다녀온 사람들의 블로그를 참고해 가며 놀거리와 먹거리 예약까지 완료했다. 그는 휴가 계획이 있음을 다른 사람들에게 조금도 내색하지 않다가 전날 늦은 오후 휴가원을 제출했다. 이에 팀장이 화를 냈다. 다음날 급하게 처리할 업무가 많은데 휴가 계획이 있었으면 미리 얘기를 했어야지 이렇게 전날 갑작스럽게 휴가를 내면 어쩌냐는 것이었다.

휴가는 권리, 하지만 지켜야 할 의무도 있다

세 경우 모두 상대를 매우 난감하게 하는 상황이다. 물론 A처럼 심하게 아픈 경우에는 휴가를 내고 건강을 회복한 후 출근하는 것이 당연하다. 하지만 결근을 하거나 휴가를 써야 하는 경우 의식이 없을 정도로 위급한 상황이 아닌 이상 가족이나 주변 사람에게 대신 연락하게 하는 것보다는 본인이 직접 연락하는 것이 맞다. 상사가 엄한 사람이어서 싫은 소리를 듣는 건 아닐까, 꾀병이라고 생각하는 것은 아닐까 하는 마음에 다른 사람에게 대신 전화를 부탁하기보다는 직접 전화를 해서 말하는 것이 걱정을 덜 수 있다. 또 직접 전화를 해야 당장 처리해야 하는 급한 업무를 공유할 수 있어 업무 차질을 줄일 수 있다.

B처럼 근무 시간 중에 자리를 비울 수 있다. 하지만 사적인 일로 오래 자리를 비워서는 안 된다. 혹시 자리를 오래 비우게 될 경우에는 옆사람에게 귀띔을 해 놓고 가는 센스가 필요하다. 외출이나 외근을 나가게 되는 경우에도 옆자리 사원이나 상사에게 외출 사유와 행선지, 소요 시간 등을 말하고 나가야 한다.

C의 경우도 마찬가지다. 연차나 휴가를 쓰는 것은 내 마음이고, 내 권리다. 하지만 여행을 간다거나 쉬고 싶다는 이유로 업무가 많은 시기에 돌연 하루 이틀 남겨놓고 휴가를 통보하는 것은 예의가 아니다. 미리 계획된 일정이라면 사전에 보고하여 대신할 수 있는 업무에 대한 처리를 요청하고 동료들에게 민폐를 끼치지 않아야 한다. 내가 자리를 비울 때를 대비해 다른 사람들이 업무 계획을 미리 세울 수 있도록 하는 것이 상식이다.

신입사원은 물론이고 직장생활을 하는 사람이라면 누구나 일과 삶의 균형, 즉 워라밸을 꿈꾼다. 하지만 회사를 위해 온몸을 갈아야 한다고 생각하며 살아온 상사들에게 워라밸은 조금 먼 얘기로 들릴 수 있다. 특히 팀원의 휴가로 인해 업무에 차질이 생기는 경우라면 더더욱 달가워하지 않을 것이다. 그러한 상사의 마음을 무시하고 내 권리만 주장하기에는 리스크가 있을 수 있다. 대부분의 상사는 아직 기업에서 고과를 주는 위치를 차지하고 있기 때문이다.

휴가는 업무에 조금 여유가 있는 시기에 여유롭게 다녀와야 상사나 동료에게도 민폐를 끼치지 않는다. 휴가 전에 급히 처리해야 하는 업무는 미리 처리한 뒤 진행 내용을 동료와 상사에게 공유해 놓고 가야 한다. 휴가 중 회사에서 걸려오는 전화가 부담스럽고 여행에 방해가 될 수는 있지만 만일에 대비하여 연락이 될 수 있도록 하는 것도 다른 사람들에 대한 배려다. 여기에 휴가 전후 간단한 인사까지 마치면 매너 좋은 사원으로 인식될 수 있다.

05
책상은 회사에서
나의 얼굴

책상 정리

　직장인에게 있어 사무실은 집보다 더 많은 시간을 보내는 곳으로, 특히 책상은 수많은 업무가 처리되는 곳이다. 직장인의 책상은 사용하는 사람의 스타일과 취향에 따라 모습도 각양각색이다. 필요한 물건만 깔끔하게 정돈되어 있는 책상도 있고, 난잡해 보이지만 나름의 질서가 잡혀 있는 책상도 있으며, 자신만의 애용품으로 아기자기하게 꾸며진 책상도 있다. 그래서 책상은 그 사람이 무슨 생각을 하고 무엇에 가치를 두는가를 보여준다고 말하는 사람도 있다.

　나는 여유가 있을 때마다 책상 정리를 한다. 근속 연수가 많아지면서 물건의 가짓수가 늘어나 수시로 정리하지 않으면 너저분해 보이기 때문이다. 각자의 업무 방식이 있듯 책상 정리에도 자기 방식이 있다지만 지저분한 책상이 좋아 보일 리는 없다. 자신의 방이라면 잡동사니나 쓰레기를 쌓아놓아도 상관없지만 사무실은 다른 사람과 함께 쓰는 공간인 만큼 가능하면 깨끗하게 유지할 필요가 있다.

하루 중 절반 이상을 사무실에서 보내다 보니 책상을 제2의 삶의 공간으로 꾸미려는 시도도 늘고 있다. 이른바 데스크테리어족. '데스크desk'와 '인테리어interior'를 합친 이 말은, 말 그대로 직장이나 업무 공간을 자기 취향에 맞게 꾸미는 직장인을 일컫는다. 내가 좋아하는 물건으로 꾸미는 과정에서 업무로 인한 스트레스를 줄이고 정신적으로 위로를 받고자 하는 젊은 세대들의 표현 의식이기도 하다. 회사가 삭막한 사막이라면 내 자리만큼은 그나마 숨 쉴 수 있는 오아시스다.

책상은 취미 공간 아닌 일하는 공간

최근 신문 기사에 따르면 직장 내 데스크테리어족이 10명 중 3명이나 될 정도로 많아졌다고 한다. 흔한 경우는 아니지만 매달 책상 꾸미는 데 월급의 10% 이상을 쓰는 사람도 있다. 유형도 다양해 값비싼 문구류에서 화장품, 캐릭터, 스티커, 피규어 같은 디자인 용품으로 채우는 사람도 있고, 작은 화분을 여러 개 올려 나만의 자연을 즐기는 사람도 있다. 선풍기나 가습기, 히터 같은 1인용 전자제품으로 책상을 채우거나 회사가 제공한 의자 대신 100만 원이 넘는 고가의 개인 의자를 들이기도 한다. 하지만 역설적이게도 데스크테리어족에 대한 설문조사를 보면 취향에 따라 사무실 책상을 정리하거나 꾸미는 것에 대해서는 부정적인 시각이 좀 더 우세하다. 일하는 공간인 만큼 업무에 필요한 것만 있으면 된다는 의견이다. 그럼에도 '평소 사무실 책상의 정리정돈 여부로 동료를 평가하거나 판단한 적이 있다'고 답한 사람들이 많은 걸로 보아 책상이 이미지에 영향을 미치는 것은 사실이다. 판단이 어떠하든 회사 내 나만의 공간인 책상을 효율적으로 쓴다면 나를 보여주는 또 하나의 지표가 될 것이다.

책상을 무언가로 채우는 것도 중요하지만 더 중요한 것은 줄이는 것이다. 책상 정리 노하우 몇 가지를 소개한다. 우선 휴지통은 자리 가까운 곳에 두는 것이 좋다. 쓸모를 다한 메모지나 사용한 휴지 등을 바로바로 버리기 위해서다. 버릴 물건과 필요한 물건을 구분하는 것만으로도 주변이 너저분해지는 것을 막을 수 있다. 당장 쓰지 않을 물건은 가능하면 서랍에 넣어둔다. 사용 빈도에 따라 손이 닿기 쉬운 곳에서 먼 곳으로 수납하면 사용할 때 편리하다. 물건을 사용한 후 제자리에 넣어두는 것은 기본이다. 여기저기서 받은 명함은 사진으로 찍기만 하면 자동 저장되는 휴대폰 어플을 이용해 관리하거나 엑셀 파일로 정리해 놓으면 편리하다. 정작 중요한 순간에 찾는 명함이 보이지 않아 수백 장에 달하는 명함을 한 장 한 장 확인해야 하는 경우가 종종 있는데, 이렇게 정리해두면 한 번에 찾을 수 있다.

포스트잇이나 메모지 역시 여기저기 붙여놓거나 꽂아두기보다는 휴대폰 메모장이나 컴퓨터 메모 기능, 메모 어플을 이용하면 편리하다. 나만의 기준에 따라 정렬도 할 수 있고, 책상도 깔끔하게 유지할 수 있다. 버릴 서류는 즉시 파쇄하고, 완료된 서류와 처리해야 할 서류는 업무별·내용별로 나누어 파일로 정리해 두면 찾기도 쉽고 보기에도 깔끔하다. 또 근무 중에는 책상 가득 파일과 서류를 펼쳐 놓았더라도 퇴근할 때는 제자리에 정리해 놓고 가는 것이 좋다. 그래야 혹시 모를 보안 문제에도 대비할 수 있다.

책상은 당신이 무슨 생각을 하고 어디에 관심과 가치를 두는지를 보여주는 공간이다. 개인의 공간이기도 하지만 모두에게 보여지는 공간인 만큼 효율적이고 생산성을 높일 수 있는 책상 정리 습관을 들이기를 권한다.

06
센스를 발휘할 수 있는 기회, 회의

 # 회의 준비

경영기획본부 K본부장은 회의 좋아하기로 유명하다. 직원들에게 농담 반 진담 반으로 '회의주의자'라 불릴 만큼 회의를 좋아한다. 당연히 기획본부 산하 직원들에게는 이 시간이 고문이다. K본부장이 "얘기 좀 합시다. 잠깐 모이세요."라고 하는 순간 약속이라도 한 듯 직원들 표정은 일그러지고 여기저기서 한숨이 새어나온다.

얼마 전 입사한 J도 마찬가지다. 조금 과장하자면 고문을 넘어 지옥이다. 아직 업무 파악도 제대로 못했는데 본부장이 회의 때마다 젊은 감각을 운운하며 신선하고 창의적인 아이디어를 내놓으라고 하니 정말이지 죽을 맛이다. '모이세요'라는 말이 군대 기상 알림보다 더 듣기 싫다는 말에 동기들이 공감의 박수를 보낼 정도다. 그렇다보니 J는 회의 시간이 다가오면 자신도 모르게 늑장을 부리게 되고, 그러다 회의에 늦어 혼이 난 적도 몇 번 있다.

회의 준비하는 모습만 봐도 센스가 보인다

좋고 싫음에 관계없이 신입 시절에는 회의 준비를 해야 할 일이 많다. 기왕 하는 회의 준비라면 센스 있는 준비로 윗분들의 눈도장을 확실히 찍는 것도 전략이다.

회의에 참석하는 사람은 크게 두 부류로 나눌 수 있다. 일찍 오는 사람과 늦게 오는 사람. 회의실에 일찍 오는 사람은 곧 진행될 회의 내용이 어떤 것인지, 무슨 이야기를 해야 할지 미리 준비할 수 있다. 준비라고는 하지만 오래 걸리는 것은 아니다. 반면 회의실에 늦게 들어오는 사람은 눈치를 봐야 하고, 자리도 뒤쪽에 앉아야 한다. 이미 지나간 안건이나 현재 하고 있는 얘기에 대해 잘 모르는 것은 당연하다. 내용을 모르니 의견을 드러내고 주장하기도 난감하다. 한마디로 일단 회의에 늦으면 태도 점수가 깎일 수밖에 없다.

회의실에서 상석은 전망이 가장 좋은 자리 또는 출입문과 멀리 떨어진 출입문을 마주보는 자리다. 회의 자료를 미리 준비하고 필요한 물품과 기자재를 점검하여 회의 진행에 방해가 되지 않도록 하는 것은 기본 중의 기본이다.

회의 자료는 파일이 정상적으로 작동하지 않을 경우에 대비하여 PDF 버전까지 동시에 준비하는 것이 좋다. 큰 회의실에서 하는 회의는 노트북이나 태블릿 PC로 내용을 공유하지만 간단한 회의는 출력물을 이용하기도 하기 때문이다. 회의 자료를 출력할 때도 기본은 흑백 출력이지만 중요한 그래프나 표가 포함된 경우에는 컬러로 출력하는 것이 좋다. 흑백에 비해 컬러 출력물이 이해도를 14% 정도 더 높여준다는 실험 결과가 있다. 또 핵심 내용이 들어 있는 부분은 플래그로 표시해 놓으면 회의의 효율도 올라가고 준비한 사람의 센스도 칭찬받을 수 있다. 메모를 위해 여분의 포스트잇을 회의 자료에 몇 장 붙여두는 것도 잊지말 것.

참석자 수에 맞춰 차나 음료를 준비하는 것도 보통 막내의 역할이다. 상사나 선배의 취향을 미리 파악하여 준비한다면 센스 점수는 더욱 올라갈 것이다. 회의 중 궁금한 사항에 대한 질문은 회의 중간보다는 회의가 끝난 뒤에 물어보는 것이 좋다. 이 정도만 해도 당신은 최고의 매너를 갖춘 유능한 신입사원이다. 이렇게까지 해야 하나 싶을 수도 있지만 이런 센스를 발휘하는 막내를 좋지 않게 볼 상사나 선배는 아무도 없다.

07
부장님,
문제가 생겼습니다

#중간보고

전직 기자 출신으로 CEO의 인사말이나 글 작성을 전담하는 K임원은 글을 요청하면 그날을 넘기지 않고 바로 글을 작성해 보내온다. 제법 어려울 법한 주제도 항상 기한에 맞춰 보내오는 게 신기해서 비결을 여쭌 적이 있다. 답은 데드라인, 즉 마감 시간에 있었다. 아무리 좋은 글이라도 사용할 수 있는 기한을 넘기면 쓸모가 없어지기 때문에 기한 내에 쓰는 것을 습관처럼 여기고 훈련했다는 것이다. 직장생활에서는 내용만큼이나 시기가 중요할 때가 많다는 말씀과 함께.

재무팀 H대리가 외근을 다녀오면서 같은 부서 신입사원 M에게 전화를 했다. 어제 오후에 차장님께 받은 명세서를 퇴근 전에 은행에 넘겨야 하는데 도착 시간이 빠듯해 자리가 있는 10층까지 올라가지 않게 로비에 맡겨달라고 부탁할 참이었다. 그 말에 M이 H대리에게 이실직고를 했다.

어제 퇴근 직전에 불필요한 서류를 폐기하는 과정에서 실수로 차장님이 주신 명세서를 파쇄기에 넣어버렸다는 것이다. H대리는 깜짝 놀라 그 사실을 왜 이제야 말하느냐고 물었고, M은 혼날 것 같아 혼자 해결해 보고 안 되면 그때 말하려 했다고 변명했다. 황당하고 어이가 없는 것은 둘째 치고 H대리는 당장 문제를 어떻게 해결해야 할지 난감했다.

사실 H에게는 사정이 있었다. 며칠 전 팀장님께 업무 지시를 받았는데 그렇게 오래 걸리는 일인지 모르고 이틀 안에 끝내겠다고 했다. 하지만 막상 시작해 보니 생각보다 많은 시간이 필요한 일이었다. 뒤늦게 못하겠다고 할 수도 없고, 결국 일은 제대로 해보지도 못한 채 애먼 시간만 탓하다 약속한 보고 시간을 넘기고 말았다. 팀장은 삼일째 되는 날 지시한 업무가 다 되었는지 확인했고, 반도 안 되어 있다는 말에 화를 냈다.

뭐 문제 되겠어? 문제가 된다

모든 일에는 때가 있다는 말처럼 업무에도 때가 중요하다. 업무 중에는 오랜 시간을 들여야 하는 프로젝트성 업무도 있지만 즉시 또는 빠른 시간 내에 처리해야 하는 업무도 많다. 고객과 접점에 있는 부서는 물론이고, 일반 부서에서도 업무 처리 시간은 매우 중요하다. 그리고 업무 중에 예상치 못한 문제가 발생하는 것은 비일비재하다. 근무 경력이 오래된 선배나 시니어도 당황하는 일이라면 신입사원은 오죽하겠는가.

신입사원에게 처음부터 완벽을 요구하는 회사는 없다. M처럼 사고를 칠 수도 있고, 정해진 시간에 일을 제대로 마무리하지 못할 수도 있다. 하지만 제시간에 끝내야 한다는 부담과 스스로 해결해 볼 요량으로 시간을 끌다 마감 시한을 넘기거나 문제가 커진 뒤에야 사실을 알리는 것은 바람직하지 않다. 문제가 발생하면 질책을 받을까봐 숨기려 하거나 '설마 이게 큰 문제가 되겠어?'라는 안일한 생각으로 문제를 간과하는 경우가 종종 있는데 이는 상황을 더 어렵게 만드는 일이다.

문제가 생겼을 때 스스로 해결 가능한 문제라면 상관없다. 하지만 대부분의 신입사원은 의사결정권자가 아니기 때문에 스스로 결론을 내리거나 해결하는 것이 어려울 수 있다. 문제가 생겼을 때 혼자 해결해 보겠다고 시간을 지체하다 일을 더 키우거나 시기를 놓치는 일이 없도록 바로 상급자에게 보고하고 해결 방법을 구하는 것이 현명하다.

질책이 두려워 회피하거나 혼자 전전긍긍하는 것은 호미로 막을 일을 가래로 막는 것이나 다름없다. 데드라인을 넘겨 사문이 되는 경우처럼 일이 수포로 돌아갈 수 있음을 명심하자. 대부분의 문제는 발생 초기에는 대응이나 해결이 쉽지만 시간이 지날수록 어려워진다. 문제를 왜 바로 보고하지 않았는지에 대한 질책과 책임까지 떠안을 수 있는 만큼 신속한 보고가 이뤄져야 한다. 그리고 보고할 때는 실무자로서 내놓을 수 있는 해결 방법을 염두에 두어야 한다.

실수를 인정하지 않는 것이 실수라고 했다. 실수했다는 사실 자체는 크게 중요하지 않다. 중요한 것은, 실수를 저지른 다음에 당신이 보여 주는 모습이다. 그리고 더 중요한 것은 자신의 실수를 다른 사람이 보고할 때까지 방치하지 않는 것이다. 진행 중인 업무 역시 보고 양이 많거나 조사 시간이 오래 걸리는 사안일 때는 어느 정도 진행이 되었을 때 중간보고를 하여 제대로 진행하고 있는지 확인받을 필요가 있다. 보고 납기 전에 상사와 커뮤니케이션을 해야만 엉뚱한 방향으로 가지 않는다. 특히 문제가 될 수 있다고 생각되는 부분은 반드시 상의를 해야 한다. 이렇게 진행 사항을 수시로 보고하고 수정 받으면 멀리 돌아가는 일을 피할 수 있으며, 문제가 생겼을 때도 해결책을 쉽게 찾을 수 있다.

08
누군가는
당신을 보고 있다

개인 SNS 관리

　　몇 년 전 팀 인원 충원을 위해 면접을 실시했다. 충원 인원은 1명, 최종 면접 결과 2명의 지원자를 두고 고민에 빠졌다. 지원자 A는 학업 성적은 뛰어나지 않았지만 비서학과 입학 후 대학 생활 내내 8개의 자격증을 딸 정도로 성실하고 야무지게 학교생활을 했다. 면접자 중 질문의 요지를 가장 잘 파악하고 답변도 똑부러지게 한 점이 맘에 들었다. 지원자 B는 면접 시 A에 비해서는 답변을 명쾌하게 하지는 못했지만 화목한 환경에서 자란 것이 보일 만큼 긍정적이고 따뜻한 감성이 느껴졌다. 2명의 지원자를 두고 고민을 거듭하다 지원자들의 개인 SNS를 찾아보았다.

B의 개인 SNS는 주로 가족과 시간을 보내며 찍은 사진이 대부분이었고, 느낌대로 화목한 가정에서 사랑 많이 받고 자란 밝은 분위기였다. A는 요즘 말로 '인싸' 그 자체였다. 클럽에서 술을 마시며 찍은 사진을 비롯해 해수욕장에서 비키니를 입고 찍은 사진까지 인싸의 풍모가 넘쳤다. 이런 저런 댓글을 보니 다른 부서에 비해 조심할 사항이 많은 비서로 채용하기에는 다소 부담이 됐다. 개인 SNS를 통해 자연스럽게 B로 채용이 결정됐고, B는 SNS에서 확인한 대로 따뜻한 인성과 성실함으로 팀에 잘 적응하여 지금까지 잘 다니고 있다.

내 공간이지만 모두의 공간, SNS

팀장 회의를 마친 후 기획팀 K차장이 동기인 홍보팀 J팀장에게 함께 커피 한 잔 할 것을 제안했다. K차장이 며칠 전 작년 말에 입사한 H의 실수에 대해 혼을 냈는데, 그날 저녁 H의 카톡 프로필에 'X짜증! X재수!'라고 되어 있었다는 것이다. K차장은 입사 동기인 J팀장에게 분명 자신에게 한 말 아니겠냐고 흥분을 하며 동의를 구하고 있었다.

요즘은 'SNS도 스펙'이라고 한다. 실제로 내가 아는 모기업 인사팀 관계자도 면접에서 최종까지 올라온 직원의 개인 SNS를 채용 판단의 기준으로 삼는다고 한다. 이력서나 자기소개서만으로는 지원자의 자질을 정확히 파악하거나 신뢰할 수 없는 만큼 SNS를 통해 평소의 모습을 참고하는 것이다. SNS를 보면 지원자의 인성이나 인맥, 관심사 등을 어느 정도 파악할 수 있기 때문이다. 그런 의미에서 이제 개인 SNS도 관리해야 하는 시대다. 입사 전은 물론 입사 후엔 같은 팀뿐만 아니라 회사 전체 직원, 협력사, 거래처까지 잠재적인 SNS 친구가 될 수 있기 때문이다.

개인의 취향이겠지만 SNS에 자신의 일거수일투족을 올리는 사람도 있고, 모바일 메신저에 그 사람의 현재 상황을 짐작할 수 있을 만한 글귀를 올리는 사람도 있다. '개인 SNS'에 올리는 글까지 신경 써야 하냐고 생각할 수 있다. 하지만 어느 정도는 신경 쓰는 것이 맞다. 개인 SNS에 혹시 사이다처럼 올린 욕설이나 특정인을 비방하는 글이 있다면 서둘러 정리할 것을 권한다. 술에 취해 있는 모습이나 담배 피우는 모습, 특히 손가락 욕은 자신의 앨범에서만 즐기기를 바란다. 지나치게 정치색을 띤 비판의 글도 플러스보다는 마이너스 요인이 더 클 수 있으니 관리할 필요가 있다.

무심히 올려진 글을 통해 자신의 사생활이 고스란히 드러날 수 있고, 그것을 보는 사람들로 인해 기분이 언짢아지는 경험을 할 수도 있다. 회사는 의외로 좁고 소문이 빨리 퍼지는 곳이라 본의아니게 당신의 사생활이 노출될 수 있다. 회사 사람들의 입방아에 오르내리는 것을 원치 않는다면 각별히 유의할 것을 권한다.

09
근속,
만만히 보지 마!

#장기근속

내가 회사에 입사하게 된 계기는 고등학교 동기였던 친구 덕분이다. 고등학교 때부터 나와 친했던 친구가 먼저 입사했는데, 입사 후 우리 둘이 같은 회사에 다니면 좋겠다는 말을 입버릇처럼 했다. 어느 날 자기 회사에서 비서를 뽑는다며 나에게 지원해 볼 것을 제안했다.

비서학과를 졸업했지만 전공과 무관한 일을 하던 나는 당시 부사장님의 비서로 면접에 합격했고, 입사 후 친구를 비롯한 스펙 좋은 공채 출신의 또래 여직원 4명과 5인방을 결성해 본격적인 회사 생활을 했다. 우리 5인방은 자주 만나서 수다를 떠느라 시간 가는 줄 몰랐는데, 헤어질 때면 으레 누가 회사에 가장 오래 남을 것인지를 두고 내기 아닌 내기를 하곤 했다. 열정이 넘쳐나던 친구들은 서로 자기가 가장 오래 다닐 거라며 장담했지만 나는 그럴 자신이 없었다.

전 회사에 2년 정도 다니다 들어온 나는 입사 당시 스물여섯 살로 적지 않은 나이였다. 당시만 해도 회사에서의 꿈과 목표라고 할 만큼의 포부가 있진 않았다. 하지만 합격 후 확실하게 다짐한 것 하나는, '아무리 힘들어도 3년은 버티자'였다. 3년이라는 목표를 정한 데는 내 나름의 계산이 있었다. 먼저 일을 배우는 데 1년은 걸릴 테고, 또 적응 후 2년 이상은 근무해야 이 회사에서 받는 월급 값을 할 수 있을 것 같다고 판단했기 때문이다. 하지만 3년을 버틴다는 것은 쉽지 않았다. 업무 특성상 정시 퇴근이 힘들고 식사 시간이 불규칙한 건 그렇다 치고 세심한 상사를 보좌하는 일은 생각보다 힘든 일이었다. 늘 긴장한 상태로 있어야 하니 소화제와 위장약을 장기 복용해야 하는 지경에 이르렀다. 그만두고 싶을 때마다 '3년만 버티자'라는 다짐을 되뇌고 또 되뇌면서 3년을 버텼다.

내 청춘이 멋지게 활동하는 무대, 직장

목표했던 3년이 지나니 사원으로 그만두는 건 아깝다는 생각이 들었다. 다시 새로운 목표가 생겼다. '대리 직함은 달아보고 떠나자!'

역시나 대리라는 목표를 위해 하루하루 업무에 충실했고, 대리가 되었다. 이렇게 5년 이상 업무를 하다 보니 업무가 적성에 맞는다는 생각이 드는 동시에 일에 대한 애착과 전문성이 더해져 다시 새로운 목표가 생겼다. '이왕 할 바엔 이 분야에서 전문가가 되어 보자.'

관련 책도 사서 보고 공부도 하면서 업무에 집중했고, 결국 20년 넘게 이 일을 하게 되었다. 물론 중간중간 힘든 날도 있었고, 이런저런 우여곡절도 많았다. 하지만 그 과정에서 내가 하는 일에 대한 소명 의식은 더욱 커졌다. 무엇보다 20년 넘게 한 회사를 다니다 보니 애사심은 물론이고, 오랫동안 이 일을 하니 업무에 대한 자부심도 그만큼 커졌다.

끝까지 남겠다고 다짐한 5인방은 한 명 한 명 회사를 떠났고, 지금까지 회사에 남은 사람은 나 혼자다. 함께 근무하던 직원들도 많이 바뀌어 근속 20년이 넘는 직원은 이제 많지 않다. 나는 처음부터 한 직장을 20년 넘게 다녀야겠다고 다짐하지 않았다. 다만 '3년만 버티자', '대리 직함은 달고 나가야지', '내 일에 대한 전문성을 더 높여야겠어'라는 소소한 목표를 정해서 하루하루 다니다 보니 어느덧 20년이 훌쩍 넘었고, 그 20년이라는 시간이 마지못해 보낸 시간이 아닌 자부심과 당당함으로 가득한 시간이 되었다.

우리 집에는 회사 로고가 새겨진 물건들이 여러 개 있다. 20년이 넘는 기간 동안 창립기념품, 생일 선물, 명절 선물로 회사에서 받은 것들이다. 그것들을 볼 때마다 나도 그렇지만 가족들이 더 뿌듯해 한다. 아직도 직장생활을 하는 나를 부러워하는 친구들도 있고, 한 직장에 20년 이상 근속했다는 말에 대단하다고 말해 주는 사람도 많다. 평생직장 개념이 없어진 요즘 세상에서는 더더욱 그렇다.

밀레니얼 세대에게 촌스럽게 20~30년 한 회사만 다니라고 얘기하는 것이 아니다. 하고 있는 일에 대한 소명 의식과 자신이 속한 조직에 대한 로열티가 결국 나의 성장에 도움이 된다는 말을 하려는 것이다. 싫은 일을 해서는 하루도 버티기 힘들다. 싫은 곳에 있으면 1시간도 10시간처럼 느껴진다. 하지만 좋아하는 일이거나 좋아하는 곳에 있으면 얘기가 달라진다. 내 일에 열정을 갖고, 내가 다니는 회사에 애정을 갖는 것이 중요하다. 그런 마음이어야만 직장이 단순히 돈을 버는 곳이 아닌 내 열정과 영혼이 춤추게 하는 멋진 무대가 될 수 있다.

3장

커뮤니케이션 :
말이 곧 당신이다

01
무심코 내뱉은
뒷담화의 역공

감사팀 P과장의 푸념이 시작된다.

"아, 우리 팀장 재촉하는 거 장난 아냐. 방금 전에 시킨 일을 다 했냐고 계속 물어보면서 그게 뭐 그리 시간 걸릴 일이냐고 난리를 치잖아. 그렇게 빨리 할 수 있으면 자기가 하지. 우리 팀장 사람 짜증나게 하는 데 뭐 있지 않아?"

P과장의 말에 S대리가 맞장구를 친다.

"그러게요. 우리 팀장님 성미 급한 건 유명하잖아요. 보면 별로 급하지도 않은 일로 독촉하는 것 같아요. 저는 재촉하면 일을 더 못하겠더라고요."

며칠 뒤, K팀장이 S대리를 향해 냉랭한 목소리로 말한다.

"S대리, 이 서류 보고 세부 조사 좀 해봐. 참, 내가 독촉을 많이 해서 일을 제대로 못하겠다고 했다던데 앞으로 자네한테는 절대 독촉하지 않을 테니 제대로 해와."

팀장의 말에 S대리는 당황하지 않을 수 없었다. P과장이 말을 전한 것이 틀림없었다. P과장이 먼저 불만을 얘기하기에 맞장구만 쳤을 뿐인데, 자신만 팀장에 대해 불평을 한 사람이 된 것이다. 억울했지만 달리 해명할 방법도 없고, P과장이 야속하기만 할 뿐이었다.

뒷담화, 할 땐 재밌지만 하고 나면 부메랑

직장생활을 하다 보면 일상처럼 하게 되는 것이 남에 대한 얘기다. 오죽하면 안주 중 최고의 안주는 '상사 험담'이라는 말이 있겠는가. 한 설문 조사에 따르면 직장인의 80% 이상이 직장 내에서 뒷담화를 해 본 경험이 있고, 다섯 명 중 세 명은 장소와 방법에 구애 없이 하루 30분 이상 뒷담화를 한다는 조금 놀라운 결과가 있다. 소재는 주로 상사의 리더십이나 동료에 대한 험담이다.

직장생활을 하다 보면 유독 나와 마음이 잘 맞는 사람이 있다. 마음을 터놓고 지낼 수 있는 동료가 있다는 것은 회사 생활에 큰 힘이 된다. 내 이야기에 공감해 주고 위로의 말을 해 주기 때문이다. 뜻 맞는 동기나 동료와의 뒷담화는 단순한 활력을 넘어 답답한 직장생활의 탈출구

이자 치유책으로 느껴지기도 한다. 뒷담화를 통해 쓰레기통 비우듯 내 안의 부정적인 감정이 해소되는 것 같기 때문이다. 비밀을 공유한 것 같은 연대 의식이 생기는 효과도 있다. 이런 이유로 직장인들은 마음에 맞는 사람과 뒷담화를 한다. 하지만 회사에서는 아무리 가깝다 해도 지켜야 할 선이 있다. 가능하면 사생활이나 '내면의 말'은 드러내지 않는 것이 좋다. 내 얘기가 언제 어디서 어떻게 사람들 입에 오르내릴지 모르기 때문이다.

무심코 내뱉은 말이 내 발등을 찍거나 믿었던 동료가 나를 곤란하게 만들거나 나의 의도와 무관하게 와전되는 등 뒷담화가 부메랑이 되어 돌아오는 경험을 해 봤을 것이다. 더구나 뒷담화는 말한 사람뿐만 아니라 듣고 있었던 사람에게도 부정적인 영향을 끼칠 수 있다.

직장에는 벽에도 귀가 있다고 할 정도로 비밀이 없는 곳이라고 생각해야 한다. 내가 믿고 했던 말이 어느 순간 다른 사람에게 퍼질 수 있다는 것을 늘 유념해야 한다. 내 말이 다른 사람의 입을 통해 나갈 때 어떤 식으로 각색될 것인지도 감안해야 한다. 나랑 똑같은 마음을 가진 사람은 없으며, 같은 이야기라도 자신에게 유리한 쪽으로 해석되는 경우가 많다. 내 마음에 들지 않는 사람이 누군가에게는 좋은 사람으로 보이거나 잘 보이고 싶은 사람일 경우도 있다. 내 앞에서는 공감하거나 동조했을지라도 뒤돌아서서는 그 사람에게 어떤 식으로 전할지 모르는 일이다.

결론적으로, 뒷담화는 최대한 하지 않거나 뒷담화 자리는 빠지는 것이 좋다. 차라리 그 자리에 함께하지 않으면 뒷담화를 할 일도 없고 들을 일도 없다. 빠질 수 없는 상황이라면 안전하게 대처하기를 바란다. 만약 누군가가 상사 또는 동료에 대한 험담을 한다면 그 사람이나 대상이 아닌 상황에 대해서만 동의하는 것이다. 예를 들어 A직원이 팀장이 쓰라는 대로 보고서를 써갔는데 왜 이렇게 썼냐며 다시 쓰라고 했다고 치자. 이때 A가 팀장에 대한 부정적인 얘기와 함께 하소연을 한다면 팀장을 직접적으로 언급하기보다는 보고서를 다시 써야 하는 A의 상황에 대해서만 안타까워 해주면 된다. 그럼에도 팀장에 대한 뒷담화가 이어진다거나 부정적인 얘기가 계속될 때는 자연스럽게 화제를 바꾸는 것도 방법이다. 회사 내 사람에 대한 이야기가 아닌 차나 음식, 영화 등의 가벼운 주제로 전환하는 것이다.

뒷담화를 하는 사람들은 옳고 그름을 판단하기보다는 자신이 힘든 것을 공감해 주기를 바라는 경우가 많다. 감정적으로 충분히 공감하고 위로해 주는 것으로 끝내자. 뒷담화의 순기능도 있지만 뭐든 과하면 문제가 될 수 있고 그것이 부정적인 얘기이거나 정서라면 후폭풍이 생길 수 있기 때문이다. 입사 초부터 나의 이미지를 불평불만의 자리에 방치하지 말기를 바란다.

02
회사를 언니 오빠랑
같이 다니니?

 # 올바른 호칭

입사한 지 3개월쯤 된 법무팀 K가 옆 부서 선배인 S에게 서류를 전하며 말한다.

"언니, 팀장님이 이거 언니 주래요."

그 모습을 본 J과장이 묻는다.

"K씨, S씨가 언니예요?"

그 말에 K가 J과장에게 뾰루퉁한 표정으로 대답한다.

"과장님, 왜요? 제가 언니 같아 보여요?"

K는 자신이 S보다 더 나이가 들어 보인다는 말처럼 들려 기분이 나쁘다는 표정이다. 그 말에 J과장이 정색하며 말한다.

"회사는 집이 아니에요. 회사에 언니, 오빠가 어디 있습니까. 선배면 선배고, 후배면 후배입니다."

K의 사례에서처럼 교수님, 언니, 형 등의 호칭에 익숙한 신입사원들은 과장, 팀장, 본부장 등의 호칭이 낯설 것이다. 호칭도 낯설지만 호칭에 걸맞은 존칭어는 더 어렵다. 회사에는 대리, 과장, 차장 같은 일반적인 직급 말고도 매니저, 프로, 책임 등 회사마다의 고유한 직책과 호칭이 있다. 회사생활이 익숙하지 않은 신입사원으로서는 적응될 때까지는 헷갈릴 수밖에 없다.

호칭, 상대를 배려하고 높이는 또 하나의 수단

회사마다 직급 체계와 호칭은 다를 수 있지만 기본적인 호칭이나 존칭 예절은 크게 다르지 않다. 직장에서 사용하는 호칭은 사실 단순한 호칭 이상의 의미가 있다. 직급뿐 아니라 직책, 역할, 상하 위치, 존중의 경중 등을 포함하고 있기 때문이다. 따라서 상대방을 부르거나 그 상대와 대화를 할 때는 이를 염두에 두어야 한다.

신입사원의 경우 동기를 제외하고는 대부분 선배나 상사일 확률이 높다. 우선 직급은 없어도 자신보다 회사생활을 더 오래한 사람에게는 '선배님'이라는 호칭이 일반적이다. 종종 친하다는 이유로 '언니'나 '형'이라고 부르는 경우를 본다. 회사 밖에서의 사적인 만남이 아닌 이상, 그리고 설령 진짜 친척이라고 해도 '형'이나 '언니'는 회사 내에서의 호칭으로는 부적절하다. 자신보다 먼저 입사했지만 직급이 없다고 선배가 아닌 'ㅇㅇ 씨'라고 당당하게 부르다가는 당돌하다는 평가를 받을 수 있다. 나보다 나이가 어린 선배일 경우 'ㅇㅇ 선배', 나이가 많다면 'ㅇㅇ 선배님'으로 부르는 것이 무난하다. 동기들끼리는 'ㅇㅇ 씨' 또는 'ㅇㅇ님'이라고 부르면 된다.

직급이 있는 상사에게는 '과장님', '부장님', '팀장님'으로 직급이나 직책 뒤에 '님' 자를 붙이면 된다. 부장이나 과장이 한자리에 있는 경우에는 '기획부장님', '김부장님', '정ㅇㅇ부장님' 등 사내 규정을 따르면 된다. 특정인을 지칭해야 할 경우에는 직급 앞에 성을 붙이는 것이 일반적이다. 요즘은 직급으로 부를 때도 성보다는 이름에 직급을 붙여 부르는 경우가 많은데 같은 성을 가진 같은 직급의 상사를 구분하기에도 좋고 부르는 사람도 불리는 사람도 좀 더 친근한 느낌이 든다. 신입사원은 상사의 이름을 직접적으로 자주 거론하는 것보다는 성을 붙여 부르는 것을 추천한다.

호칭은 상대를 높이고 배려하는 또 다른 방법이다. 상대방에게 맞는 올바른 호칭은 원만한 인간관계의 기본이다. 여러 번 만났는데도 이름과 호칭을 실수하면 무심해 보일 수 있다. '대화의 시작은 호칭부터'라는 말이 있듯이 직장 내에서는 호칭이 중요하다. 특히 화가 난다고 해서 호칭을 짧게 하거나 생략해서는 안 된다. 정확한 호칭은 고객, 상사, 직책 등 상대와의 구도를 명확하게 할 뿐만 아니라 대화에 신뢰와 질서를 부여한다.

또 호칭은 상대에 대한 존중과 인정이 담겨 있는 만큼 좋은 관계를 유지하는 도구가 되어 준다. 제대로 된 호칭 사용은 원활한 관계의 기본이라는 것을 잊지 마라. 능력이나 성과를 당장 어필할 수 없는 신입에게 올바른 호칭과 적절한 높임말은 기본기를 갖추고 있음을 증명하는 또 하나의 방법이다.

03
상대방에는 존경어, 스스로에게는 겸양어

존칭 사용법

기획팀의 K는 다른 부서 선배나 상사를 만날 때마다 '오우~커피 나오셨습니까?'라는 놀림을 받는다. 입사 초기 팀원들과 점심 식사를 마치고 사내 카페에서 팀장에게 커피를 전달하면서 나름 예의를 갖춘다고 "팀장님, 커피 나오셨습니다."라고 말한 이후 얻은 별칭이다. 모두가 웃었지만 정작 그녀는 자신이 무슨 실수를 했는지 몰라 매우 당황했다.

'손님, 아메리카노 나오셨습니다.'나 '과장님, 옷이 떨어지셨습니다.'처럼 사람이 아닌 사물을 존대하는 것은 흔히 하는 실수다. 상사나 선배에게 존대를 하는 것은 맞지만 사물까지 존대할 필요는 없다.

직장생활에서 신입사원들이 특히 어려워하는 것이 바로 '압존법'이다. 압존법은 아랫사람이 윗사람과 제3자에 관해 말할 때 제3자가 윗사람보다 직급이 낮을 경우 윗사람 기준에 맞춰 그를 낮춰 부르는 용법이다. 즉 직급이 더 높은 상사에게 직급이 낮은 상사를 언급할 때 '님' 자를 빼고 말하는 것이다. 예를 들면, 부장에게 과장의 보고 사항을 전달할 때는 "부장님, 이 서류는 김과장이 작성한 보고서입니다."라고 한다. 그런데 신입사원의 입장에서는 부장이나 과장 둘 다 상사인 만큼 아무리 부장님 앞이라고 해도 '과장'이라 하면 왠지 버릇없이 느껴질 것이다. 그래서 부장 앞이지만 과장도 높여서 말하는 것이다.

국립국어원은 2011년 '표준 언어 예절'에서 변화하는 언어 세태를 인정하여 상급자에게 편하게 존대하게 하기 위해 압존법을 다소 완화하긴 했지만 아직은 이것을 중요하게 여기는 상사도 많으니 상사의 스타일에 맞춰 사용할 것을 권한다. 압존법에 대한 예를 들면 이렇다.

"부장님, 이것은 김과장이 드리는 보고서입니다." (O)

"부장님, 이것은 김과장님이 드리는 보고서입니다." (O)

"부장님, 이것은 김과장님께서 드리시는 보고서입니다." (X)

"저희 나라 → 우리 나라 / 저희 회사 → 우리 회사"

또한 직장에서는 기본적으로 높임말을 쓰는 것이 원칙이다. '~어요'

나 '~예요'라는 표현을 사용하면 안 되는 것은 아니지만 신입사원의 경우 '-다'나 '-까'를 사용하는 것이 더 정중하게 보인다. 요즘은 통상적으로 직급이 많이 높은 상사에게는 '-다'나 '-까'를 쓰고, 선배나 대리, 과장급에게는 조금 편하게 표현하기도 한다. 커피와 옷 같은 사물에 대한 존칭뿐 아니라 문서에서도 존칭은 생략한다. 실제로 대화를 할 때는 '님'을 붙여 존칭하지만, 서류나 이메일 등에서는 상급자라 하더라도 존칭을 생략하는 것이다. 예를 들면 다음과 같다.

- 대화할 때는
  부사장님 지시 사항입니다. (O) / 부사장 지시 사항입니다. (X)

- 문서에서는
  부사장 지시 사항 (O) / 부사장님 지시 사항 (X)

- 사물에는
  사장실 (O) / 사장님실 (X)

"이쪽으로 오실게요.", "저쪽에서 기다리실게요.", "이렇게 하시면 되세요." 등의 표현도 자주 쓰는데, 엄밀히 말하면 이는 사람을 존대하는 것이 아니다. 하지만 사물을 존칭하는 용어를 써야 할 때도 있다. 직급이 많이 높은 상사에게는 사물 존칭을 써야 예의바른 사람으로 인식될 수 있다. 예를 들면 이런 것들이다.

밥: 진지/ 술: 약주/ 말: 말씀/ 이름: 성함, 함자, 존함/ 생일: 생신/ 나이: 연세, 춘추/ 집: 댁/ 이 or 이빨: 치아/ 남의 회사: 귀사/ 보다: 뵙다/ 자다: 주무시다/ 아프다: 편찮다/ 먹다: 드시다/ 주다: 드리다/ 있다: 계시다/ 죽다: 돌아가시다/ 말하다: 여쭈다

몇 직급 위의 상사에게는 "이 서류 주러 왔습니다."가 아닌 "이 서류 드리러 왔습니다."와 "부사장님은 회의실에 있습니다."가 아닌 "부사장님은 회의실에 계십니다."가 예의바른 표현이다.

말은 습관이다. 특히 한 번 뱉으면 주워 담을 수 없는 만큼 처음부터 제대로 익혀두어 실수하지 않도록 조심할 것을 당부한다.

04
보이지 않으니까 괜찮다?

전략기획팀 신입사원 C. 팀원들은 모두 회의에 들어가고 J대리와 둘만 남아 있는데 K팀장 자리의 전화벨이 울렸다. 입사한 지 얼마 되지 않은 C는 전화를 받는 것이 다소 부담됐지만 J대리가 통화 중이라 할 수 없이 전화를 당겨 받았다.

"안녕하십니까? ○○○의 ○○○입니다."

전화기 저편에서 중후한 목소리의 남성이 "어, 난데"라고 말했다. 자신이 누군지도 밝히지 않고 다짜고짜 '나'라고 하는 말에 C가 되물었다.

"실례지만 누구십니까? 소속과 성함을 말씀하셔야죠."

상대방은 K팀장이 자리에 있는지를 물었고, 때마침 통화를 마친 J대리가 누구냐고 묻자 "모르겠습니다. 누군지 정확히 말을 안 하고 매너가 없는 사람 같습니다."라고 하며 J대리에게 전화를 건넸다. 전화를 건네받은 J대리는 굳은 표정으로 자세를 고쳐 잡았다.

"예, 부사장님!"

직장인 중에 신입 시절 이 정도 실수 안 해 본 사람은 드물 것이다. 사실 나는 입사 초기 성능 좋은 전화기 덕분에 수월하게 비서로 자리 매김을 했다고 할 수 있다. 지금은 누구나 휴대전화를 사용하고, 사무실 전화기에도 발신자 번호가 뜨지만 내가 입사한 90년대만 해도 그런 기능이 있는 전화기가 드물었다. 다행히 우리 회사 비서실 전화는 발신자 표시 기능이 있었던 데다 나 역시 다른 사람에 비해 숫자 감각이 있는지라 번호를 쉽게 외울 수 있었다. 발신자 번호가 찍혀 전화번호만 알면 상대를 알 수 있으니 "여보세요." 대신 "안녕하십니까? ○○○ 사장님."이라고 알은체를 하며 인사하는 것도 가능했다. 상대방은 내가 자신의 목소리를 기억하는 것에 감동, 내가 모시는 CEO에게 내 칭찬을 해주셨고 덕분에 좋은 점수를 딸 수 있었다.

얼굴 없는 만남, 전화

비즈니스에서 전화는 이메일과 더불어 가장 많이 사용되는 업무상 주요 도구다. 전화로 많은 업무가 이루어지는 만큼 전화 교육을 하는 회사도 많다. 전화를 받는 사람이 곧 그 회사의 얼굴이며, 회사의 이미지에 영향을 미치기 때문이다. 전화는 예고 없이 찾아오는 방문객이며, 전화 응대는 얼굴 없는 만남이다. 상대가 보이지 않는다는 이유로 편하고 무심하게 받을 수 있는데, 음성 하나로 많은 것을 전달하기 때문에 더 중요하다. 또 얼굴을 보면서 대화할 때보다 목소리와 톤에 더 집중되는 만큼 각별히 주의해야 한다. 웃는 표정으로 "안녕하세요."라고 하는 것과 무표정으로 "안녕하세요." 하는 뉘앙스 차이가 전화로도 느껴지기 때문이다. 전화로 하는 커뮤니케이션에 주의해야 하는 이유는 대면 커뮤니케이션보다 오해가 생기기 쉬울 수 있기 때문이다. 대면 커뮤니케이션은 시각적인 요소가 55%, 청각이 38%, 언어적인 요소가 7%인 반면 전화 커뮤니케이션은 청각적인 요소가 82%, 언어적인 요소가 18%를 차지한다고 한다.

신입사원의 경우 아직은 전화 받는 일이 긴장되고 부담이 될 수 있다. 긴장하면 상대방의 말이 잘 안 들리기도 하고, 주어와 목적어가 생략되거나 말의 속도가 빠를 경우 알아듣지 못할 수도 있다. 특히 전화 응대 시에는 목소리와 억양, 말의 속도, 발음 등에 주의해야 한다. 또한 경어체를 사용하며 의뢰형으로 표현하는 것이 좋다. 쉬운 용어와 긍정적인 표현을 쓰는 것은 기본이다. 통화 시 경청할 때는 적극적으로 들어주면서 감정 이입을 하여 적절한 응대어를 사용하면 좋다. '실례지만', '죄송하지만', '번거로우시겠지만', '가능하시다면' 등의 쿠션어를 사용하는 것도 방법이다. 같은 표현이라도 '잠깐만요'보다는 '죄송합니다만 잠시 기다려 주시겠습니까?'가 좋고, '안 됩니다', '못합니다'라는 표현보다는 '최선을 다해 알아보겠지만 쉽지는 않을 것 같습니다'라고 하는 것이 좋다. '잘 모르겠는데요'보다는 '확인한 뒤에 말씀 드리겠습니다'라고 답변한다면 정중한 응대가 될 수 있다. 그 외 몇 가지 주의 사항을 소개한다.

● 전화를 받을 때

우선 전화를 받을 때는 벨이 세 번 이상 울리기 전에 받는다. 나에게 걸려온 전화가 아니라고 벨이 울리는데도 그냥 있어서는 안 된다. 그리고 전화를 받을 때는 메모지를 준비한다. 통화할 때는 다 기억할 수 있을 것 같지만 막상 끊고 나면 헷갈리거나 기억나지 않는 부분이 분명 있기 때문이다. 통화하다 말고 허둥지둥 메모지를 찾는다면 노련한 이미지를 줄 수 없다.

● 전화를 연결할 때

부서 내 다른 사람에게 온 전화를 연결해야 하는 경우도 있다. 이때는 "○○를 연결해 드리겠습니다. 잠시만 기다려 주십시오"라고 한 뒤 뮤트 버튼을 눌러 이쪽에서 하는 대화 소리를 차단한 후 넘겨주면 된다. 상대방이 찾는 담당자가 부재중일 경우에는 부재 상황을 설명하고, 상대의 소속과 이름, 전화번호, 용건 등을 메모해 전달하면 된다. 이때도 숫자나 중요한 사항은 다시 한 번 확인하는 것이 좋다. 담당자에게 남기는 메모에는 전화 온 시각과 내용, 자신이 그 사람에게 말한 피드백까지 함께 전달하면 센스 굿. 용건 중 급히 처리되어야 할 사항은 담당자에게 바로 전달해 신속히 처리될 수 있도록 한다. 또 하나, 걸려온 전화를 담당자에게 연결할 때는 통화를 할 수 있는 상황인지 먼저 묻는 것이 좋다. 연결했는데 담당자가 통화가 어려운 상황일 수도 있고, 꺼리는 전화일 수도 있기 때문이다.

● 통화를 마칠 때

통화를 마칠 때는 전화를 건 사람이 먼저 끊는 것이 예의지만 전화 건 사람이 나보다 상사이거나 고객인 경우에는 상대가 먼저 끊고 난 후에 끊는 것이 좋다. 수화기는 내려놓을 때까지 조심해야 한다. 상대가 전화를 끊었다고 생각해 무심코 한 말을 미처 전화를 끊지 않은 상대가 들을 수 있기 때문이다. 전화를 받다 보면 잘못 걸려온 전화를 받는 경우가 종종 있는데 나의 소속을 밝힌 상태에서 불쾌한 듯 퉁명스럽게 전화를 받으면 회사 이미지에 영향을 미칠 수 있다. 잘못 걸려온 전화도 최대한 친절하게 응대하는 것이 좋다.

다시 한 번 강조하건대, 전화는 예고 없이 찾아오는 방문객이며, 전화 응대는 얼굴 없는 만남이다. 내 한마디가 개인의 이미지를 넘어 회사의 이미지를 만들 수 있다는 생각으로 얼굴 없는 만남에도 예의를 다하기 바란다.

05
안 들릴 것 같지만
다 들려

 # 휴대폰 예절

얼마 전 신규사업팀 L팀장과 영업지원팀 K팀장, 외부 자문교수와 함께 업무 협의 미팅 자리에 참석했다. 두 번째 이뤄지는 미팅으로, 회의실에서 가졌던 첫 미팅의 어색함을 줄이기 위해 저녁 식사를 겸한 미팅을 준비했다. 어색함이 완전히 가시지는 않았지만 첫 미팅 덕에 조금 편안한 분위기에서 식사가 이루어졌다. 음식이 나왔고, 식사를 하며 자연스럽게 업무 얘기를 하는데 신규사업팀 L팀장의 휴대전화 벨이 울렸다. L팀장은 죄송하다는 말과 함께 고개를 돌려 작은 목소리로 전화를 받았다. 하지만 그의 통화 내용은 함께 있는 사람들에게 고스란히 들렸고, 어쩔 수 없이 우리의 대화는 끊기고 말았다.

5분쯤 지났을까. 다시 L팀장의 전화벨이 울렸고, 그는 자리에서 받기 미안했는지 이번에는 휴대전화를 들고 밖으로 나갔다. 남은 사람끼리 대화를 이어가자니 뭐해서 L팀장이 돌아올 때까지 어색한 상태로 그를 기다려야 했다. 그는 그 후에도 중간중간 문자를 주고받았고, 그럴 때마다 나와 K팀장은 자문교수의 눈치를 보았다. L팀장이 세 번째 전화를 받기 위해 자리를 비우자 자문교수는 급기야 불쾌한 내색을 했고, L팀장을 대신해 사과를 하는 상황이 발생했다.

　우리의 생활을 편리하게 해주는 현대인의 필수품 휴대폰. 하지만 L팀장의 사례에서 보듯 무분별한 사용과 시도 때도 없이 걸려오는 전화, 메시지로 본인뿐만 아니라 주변 사람들에게까지 피해를 주는 경우가 많다. 휴대폰으로 인해 생기는 피해가 많아지자 휴대폰 사용에도 예의가 필요하다는 의미의 신조어인 '모티켓motiquette'이라는 말까지 생겨났다. 말 그대로 모바일 에티켓의 준말이다.

휴대폰, 필수템인 만큼 예절도 필수

　직장인이기 전에 개인으로써 업무 중 걸려오는 사적인 전화를 피할 수는 없는 법. 이때도 몇 가지 기본을 지키면 된다. 통화를 하다 보면 자신도 모르게 목소리가 커지는 경우가 있으므로 주의하는 것은 기본 중 기본이다. 회사 복도나 비상계단, 화장실에서 사적인 통화를 길게 하는 경우를 종종 보는데, 이는 가능하면 지양해야 한다. 이들 장소는 안 들릴 것 같지만 소리가 울려 작은 소리도 더 크게 들린다. 사무실 내에서도 타 부서에 가거나 자리를 비울 때는 가능하면 휴대폰을 휴대하는 것이 좋다. 상사가 급하게 찾거나 긴급하게 연락해야 하는 경우가 발생할 수 있기 때문이다.

요즘은 통화보다 톡이나 메시지로 많은 업무가 이루어지는 만큼 메시지를 보낼 때도 예의가 필요하다. 늦은 밤이나 이른 아침에 메시지를 보내는 것은 당연히 민폐다. 아주 급한 일이 아닌 이상 가능하면 그런 시간은 피하자. 퇴근 후나 휴가 중 전화를 꺼두는 사람이 종종 있는데, 이 경우 급히 연락할 사항이 생겼을 때 난감한 상황이 발생하고 업무에 차질이 생길 수도 있다. 이런 상황이 두세 번 반복되면 회사는 그를 중요한 일을 맡기지 못할 사람으로 생각할 수 있다. 퇴근 이후는 개인의 시간이고, 당연히 공사를 구분해야겠지만 휴대폰은 늘 휴대하는 것이 안전하다.

그럼 회의나 미팅 때 업무상 전화를 꺼놓을 수 없는 경우에는 어떻게 해야 할까? 당연히 미리 진동모드로 해 놓아야 하며, 만약 회의 중 전화가 온다면 설령 업무 전화라 해도 조용히 회의 중이라고 양해를 구하고, 나중에 통화를 하거나 급한 용건은 문자나 톡으로 줄 것을 요청하면 된다. 부득이하게 걸려온 전화를 받아야 하는 상황이라면 장소를 옮겨 조용히 통화한다. 일상생활에 없어서는 안 될 필수템 휴대폰, 사용 매너에 따라 이미지에도 큰 영향을 미칠 수 있음을 기억하자.

06
이메일만 봐도
성향과 업무 스타일이 보인다

이메일 작성법

　　전략기획팀 L대리. 휴가를 내고 해운대를 바라보며 혼자만의
시간을 만끽하다 해가 질 무렵 호텔로 들어왔다. 어제까지 하반기 경
영 계획 업무로 시달리다 지친 심신을 달래기 위해 여행을 떠나온 것이
다. 오늘 하루만큼은 회사 일을 잊겠다는 생각으로 휴대폰도 꺼놓고 하
루를 온전히 즐겼다. 호텔로 돌아와 근사한 식당을 찾기 위해 휴대폰을
켠 순간 깜짝 놀랐다. 회사에서 걸려온 전화가 10통이 넘고, 톡과 메시
지도 수두룩했다. 어제 외근 나간 팀장에게 메일로 보고서를 전송했고,
휴가 잘 다녀오겠다는 메시지도 남겼는데 이게 무슨 일인가. 부랴부랴
팀장에게 전화를 했더니 난리가 났다. 어제 팀장에게 보내 놓은 메일에

파일을 잘못 첨부하고 온 것이다. 회사 내 L의 컴퓨터는 비밀번호로 잠겨 있고 하루 종일 전화도 안 되니 팀장은 물론 동료들 모두 화가 잔뜩 난 상태였다.

하루 업무의 대부분이 전화, 이메일, 보고로 이루어지는 회사. 직장인들이 아침에 출근해서 가장 먼저 하는 일도 아마 메일을 확인하는 일일 것이다. 직장생활에서는 일상이라고 할 이메일 하나 쓰는데 무슨 매너까지 필요할까 싶지만 상대가 내 이메일만 봐도 성향과 업무 스타일을 파악할 수 있다면 어떨까? 그런 점에서 이메일은 중요한 커뮤니케이션 툴이다. 게다가 이메일로 주고받은 내용은 업무상 진행되는 발언의 명확한 증거가 되기 때문에 말이나 메신저보다 더 신중을 기해야 한다. 하지만 신입사원은 물론 경력직 직원도 의외로 이메일 실수를 많이 한다. 담당자 개인에게 보낼 답장인데 전체 답장을 눌러 보낸다거나 호칭을 잘못 적기도 하고 심지어 동명이인에게 보내는 경우도 있다. L대리처럼 파일을 잘못 첨부하거나 빼먹고 보내는 일도 비일비재하다.

알아두면 센스 만점, 이메일 작성 기술

요즘 세대들은 메일 쓰기에 이미 익숙하지만 개인 메일과 달리 업무용 메일은 격식이 필요하다. 메일에는 받는 사람이 있고, 참조가 있으며 숨은 참조가 있다. 수신은 받는 사람으로, 해당 업무나 요청을 처리해 줄 당사자이다. 참조자(C.C.: Carbon Copy)는 이메일 내용을 공유하고자 하는 사람을 적되, 여러 사람을 넣을 때는 직급이나 가나다순으로 적으면 된다. 숨은 참조(B.C.C.: Blind Carbon Copy)는 수신인에게 굳이 알릴 필요가 없거나 프로젝트에 참여하지는 않지만 진행 사항을 알아야 하는 사람, 혹은 다수에게 메일을 보낼 때 타인의 이메일 주소 노출을 예방할 때 주로 쓴다. 받은 메일에 대해서는 답장을 하는 것이 예의지만 참조자나 숨은참조자는 굳이 답장을 하지 않아도 된다.

하루에도 수십 통씩 쏟아지는 메일을 일일이 다 열어보기도 어렵지만 그중에 급하거나 중요한 메일을 가리는 것은 더 쉽지 않다. 내가 보낸 메일을 상대가 바로 확인할 수 있도록 하기 위해서는 메일 제목에 핵심 내용을 넣거나 보내는 목적을 기재하면 좋다. [중요] [보고] [협조] [요청] [공유]처럼 말머리를 달아주면 편리하고 효과적이다.

본문 내용은 첫인사, 업무 내용, 끝인사로 구성하되 핵심을 요약해서 간단명료하게 쓰면 된다. 요지 파악이 어렵게 구구절절, 중언부언하는 메일은 누구의 주의도 끌 수 없다. 말하고자 하는 사항이 여러 개라면 1, 2, 3 번호를 매겨 작성하면 일목요연해 보인다. 내용이 긴 경우 행갈이를 하여 문단을 나눠주면 가독성이 높아진다.

메일을 발송할 때도 주의를 기울여야 한다. 먼저 수신인을 제대로 적었는지 확인하는 것이 가장 중요하다. 내용에 보안이 필요한 사항을 엉뚱한 사람에게 보내지 않도록 동명이인이 아닌지도 꼭 확인할 필요가 있다. 메일 주소가 맞는지, 호칭이 틀리지는 않았는지, 오탈자는 없는지, 첨부파일이 빠지지는 않았는지 보내기 전에 다시 한 번 꼼꼼히 확인하여 실수를 줄여야 한다.

이메일 서명도 중요하다. 서명은 이메일 상에서 명함 역할을 하는 만큼 저장해 놓고 사용하는 사람이 많다. 서명에는 소속과 회신 가능한 전화번호를 넣어 이메일이 아니더라도 필요 시 전화 피드백이 가능하도록 한다. 마지막에 보낸 이를 적을 때, '배상', '올림', '드림' 중에 무엇을 쓸지도 고민일 것이다. '올림'은 순우리말로 정중함과 예스러운 의미의 '배상'과 같다. 표준화된 화법에 의하면 윗사람에게는 '올림'을 쓰고, 동년배나 아랫사람에게는 '드림'을 쓰는 것이 일반적이다. 신입사원이 메일을 보내는 상대는 대부분 윗사람이니 '올림'을 쓰는 것이 무난하다. '드림'은 연배와 상관없이 서로가 존중할 때 사용하면 좋은 표현으로, 비슷한 직급이나 동년배에게 쓰거나 윗사람이 아랫사람에게 예의를 갖춰서 쓸 때 주로 사용한다.

빠른 커뮤니케이션을 위해 약어를 사용하는 경우도 많다. 이메일을 열었을 때 FW 또는 FWD라는 용어를 본 적이 있을 것이다. 포워드 Forward의 약어로, 누군가가 보낸 이메일 앞에 이 용어가 있다면 수신한 메일을 다시 전달한 것이다. 누군가 이메일을 포워딩 해달라고 하면 빠르고 센스 있게 '전달'해 주면 된다. ASAP, '아삽'이라고 불리는 이 용어는 'As soon as possible'의 줄임말로 '가능한 한 빨리 부탁한다'는 의미다. 메일에 이 표현이 있다면 최대한 빨리 처리해 주는 게 센스다. 프랑스에서 온 단어 RSVP는 '회신을 바랍니다'라는 뜻으로, 초청장 같은 것에 참석 여부를 확인할 때 주로 쓴다. 특정 일시나 시간 앞에 'NLT'

가 붙어 있다면 'No later than' 즉 '늦지 않게'라는 의미이므로 시간 약속을 잘 지켜 신뢰를 잃지 않도록 한다. FYI는 'For Your Information'으로 '참고하라'는 의미다. 문장 안에서 '참고로'라는 의미로 쓰인다고 생각하면 된다.

　TBD To Be Decided 는 아직 확정되지 않았지만 확정될 것이라는 의미로, 보낸 내용을 숙지는 하되 변경 가능성이 있다는 의미다. PCM Please, Call Me 는 전화 부탁드립니다, EOM End of Message 은 메시지의 끝이라는 의미로 주로 이메일 제목에서 볼 수 있다. 문장 끝에 이 용어가 있다면 제목 자체가 전달하고자 하는 내용의 전부니 굳이 메일을 열어보지 않아도 된다. 이 정도만 알고 있어도 뭘 좀 아는 똑똑한 신입사원으로 인식될 수 있다. 개인 메일은 이벤트나 광고, 스팸 메일이 많아 조금만 정리를 게을리해도 금방 메일함이 차서 중요한 업무용 메일을 놓칠 수 있으니 업무용과 개인용 메일을 따로 구분하여 사용하는 것도 메일을 효율적으로 사용하는 방법이다.

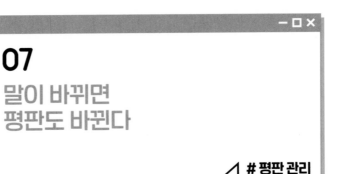

평소 활달하고 털털한 성격으로 친하지 않은 사람이 없을 만큼 마당발로 유명한 감사팀 H대리. 그래서인지 이 팀 저 팀의 정보를 습득하는 능력이 빠르고 뛰어나 회사 내에 그가 모르는 소식은 없을 정도다. 각 부서에서 진행되는 업무부터 사내 누구와 누가 어쨌다더라 하는 사생활까지 정말이지 빠삭했다. 어디서 저런 많은 정보를 얻는 걸까 신기할 정도로 정보통인 H는 그런 노련함으로 업무도 능숙하게 잘 처리해서 팀장들 사이에 긍정적인 평가가 이어졌다.

작년부터 회사 내 핫이슈가 되고 있는 신규사업 TF에 각 부서 역량 있는 직원에 대한 인선이 있었고, 업무 역량이 뛰어난 H도 물망에 올랐다. 물론 H 자신도 누구보다 그 TF에 합류하고 싶어 했다. 하지만 지난 주에 발표된 TF 명단에 H대리의 이름은 빠져 있었다. 뒤늦게 H의 TF 탈락 이유가 '가벼운 입' 때문이라는 사실을 TF팀 책임자인 K실장에게 들었다. 앞으로 진행될 신규 사업에는 보안을 필요로 하는 내용들이 많은데, H의 업무 역량은 탁월하지만 보안에 매우 취약한 스타일이라는 것이 사유였다.

직장생활을 하다 보면 다양한 소문을 접하게 된다. 그 소문은 여러 사람의 입을 거치면서 각색되거나 부풀려지곤 한다. 미혼의 남녀 직원이 친하거나 자주 어울리면 당사자들 마음에 관계 없이 금세 둘이 사귄다는 소문이 나고, 친한 동료에게 그만두고 싶다고 한마디 했을 뿐인데 '누군가와 트러블이 있다더라', '더 좋은 직장에 면접을 본 것 같더라'라는 말이 퍼지기도 한다. 대부분의 소문은 오해이거나 추문일 확률이 높지만 남들에게 말할 때 재미가 있다는 이유로 이렇게 여기저기 퍼져나간다.

발 없는 말이 천 리를 넘어 만 리를 간다

얼마 전 자신의 과도한 업무량에 지친 자산관리팀의 K대리가 팀장에게 이직 의사를 밝힌 일이 있었다. J팀장은 업무 능력이 뛰어나 많은 업무를 감당하고 있던 K대리가 그만두면 부서 내 손실이 크기 때문에 어떻게든 그의 마음을 돌려 퇴사를 말리고 싶었다. 팀장은 사내 K대리와 친한 몇몇 직원들에게 그를 설득해 달라고 SOS를 요청했다.

　J팀장의 부탁을 받은 친한 동료들은 그 말을 접하자마자 K대리에게 "너 그만둬?", "다른 회사 간다며?"라고 연락을 해댔다. K대리는 아직 확정은 아니고 고민 중이라고 말했지만 동료들은 아랑곳하지 않고 "언제까지 나오냐?", "가려는 회사의 조건은 어떠냐?" 등을 물었고 K대리는 곤란할 수밖에 없었다. 심지어 그만두겠다고 확정한 것도 아닌데 이직이 기정사실인 것처럼 소문이 나는 바람에 분위기상 왠지 그만두지 않으면 안 될 것 같은 마음마저 들었다고 한다.

　이렇듯 사내 소문은 개인에게 다양한 형태로 영향을 미칠 수 있다. 다른 직원이나 회사에 대한 소문을 재미삼아 동료에게 옮길 수는 있다. 하지만 그런 행동은 그 사람을 신뢰할 수 없는 사람으로 만들고, 한 번 생긴 불신은 회사를 다니는 동안 꼬리표처럼 그 사람을 따라다닌다. 심할 경우 남의 얘기 하는 걸 좋아하는 사람은 조직의 반역자로 찍히기 쉽다.

　나는 지금까지 직장생활을 하면서 소문으로 인해 괴로움을 느끼거나 회사를 그만두는 경우를 무수히 보았다. 믿고 말한 동료가 다른 사람에게 말을 옮겨 곤란해지는 바람에 그만둔 사람도 있었고, 함부로 소문을 냈다가 당사자가 따지는 통에 곤란해져 그만둔 사람도 있었다. 이러한 소문은 소문의 당사자는 물론 소문을 내는 사람에게도 나쁜 영향을 끼친다. 직장 내에서 소문에 민감하게 반응하면 입이 가벼운 사람이 된다. 그런 이미지는 신뢰를 쌓는 데 치명적인 것은 물론 업무 능력에까지 영향을 미칠 수 있다.

다른 사람 얘기하기를 좋아하는 직원 앞에서는 가능하면 내 얘기는 줄이는 것이 좋다. 특히 다른 직원에 대한 얘기는 더더욱 삼가야 한다. 내가 한 말이 어떤 식으로 와전되거나 각색될지 모르기 때문이다. 누군가가 친절하게 동료나 상사의 소문을 전해준다면 한 귀로 듣고 한 귀로 흘려버려라. 어떠한 경우라도 '임금님 귀는 당나귀 귀'를 외치지 않기를 바란다. 재밌고 놀라운 소식을 접했다고 다른 사람에게 전하는 순간, 내 입은 가벼워지고 나는 신뢰받을 수 없는 사람이 된다는 것을 명심하라.

08
그래서
결론이 뭐죠?

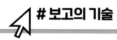 # 보고의 기술

L부장이 K대리와 R주임에게 묻는다.

"자네들이 생각하기에 A안이 좋은가, B안이 좋은가?"

K대리가 대답한다.

"저는 A안이 좋습니다. 시간과 비용을 고려했을 때 A안이 효과적으로 보입니다. 현재 저희 부서는 이미 다른 프로젝트에 인원이 투입된 상황인지라 남은 인원이 적습니다. 투자 대비 효율을 생각할 때 B안은 자칫 용두사미가 될 수 있을 것으로 보입니다. 인원이 많고 시간적 여유도 있다면 B안이 좋겠지만 현재 저희 부서의 상황을 고려하면 A안으로 진행하는 것이 바람직해 보입니다."

R주임도 대답한다.

"A안은 시간과 비용은 적게 들지만 사업 규모가 작다 보니 결과가 눈에 띄지 않을 것 같습니다. 반면 B안은 시간과 비용은 많이 들지만 워낙 규모가 커서 확실히 눈에 띌 것 같습니다. 그런데 지금 저희 부서는 다른 프로젝트에 인원이 투입된 상황이라 B안을 진행할 인원이 충분하지 않습니다. 그래서 저는 A안이 맞다고 생각합니다."

똑같은 대답인데 K대리의 주장이 더 확실하고 명료하게 들린다. 왜일까? 결론부터 확실하게 전달하고 다음 이야기를 끌어가기 때문이다. 즉 뒤에 나오는 말이 모두 결론을 뒷받침해주고 있다는 생각이 들어서이다. R주임의 경우 결론은 K대리와 같으나 주장이 흐릿한 느낌이다. 장점은 B안이 많지만 A안을 선택하는 것처럼 뭔가 찜찜한 기분이 든다. 이렇게 똑같은 질문에 같은 대답을 하더라도 결론의 배치를 어떻게 하느냐에 따라 느낌이 달라질 수 있다. 질문에 대한 답을 하거나 보고를 할 때 신입사원들이 범하기 쉬운 예다.

잘 알아듣게 말하는 것이 상대에 대한 배려

상사마다 선호하는 보고 방식이 다르다. 두괄식을 선호하는 상사가 있는가 하면 미괄식을 선호하는 상사도 있고, 경우에 따라 양괄식이 효과적인 상사도 있다. 가장 좋은 방법은 상사의 성향을 파악하며 그에 맞추는 것이지만 대부분의 상사들은 대체로 결론을 먼저 듣고 싶어 한다. 보고 방식의 성향만큼이나 보고하는 방식도 사람마다 각각 다르다. 간단하고 명확하게 핵심만 추려 말하는 사람이 있는가 하면 어렵지 않은 내용을 필요 이상으로 장황하고 어렵게 설명하는 사람도 있다. 설명이 너무 길어 듣다가 지치게 만드는 사람도 있다. 이런 사람들은 "그래서 결론이 뭔데?"나 "그래서 어쩌라는 건데?"라는 말을 심심찮게 들어봤을 것이다.

《횡설수설하지 않고 정확하게 설명하는 법》의 저자 고구레 다이치는 알기 쉽게 설명하는 데는 나름의 공식이 있다고 말한다. 이른바 '텐프렙TNPREP의 법칙'이다. '주제Theme, 수Number, 요점 및 결론Point, 이유Reason, 구체적인 예Example, 요점 및 결론Point의 재확인'이라는 각 요소의 알파벳 머리글자를 딴 이 말은 정보를 정리할 때 상대방이 이해하기 쉽게 만드는 순서를 뜻한다. 즉 '서두에 주제 먼저 전하기, 설명하고자 하는 포인트가 몇 가지인지 짚어주기, 결론부터 말하기, 그 결론이 옳은 이유 밝히기, 결론을 보충할 수 있는 구체적인 예 제시하기, 요점 및 결론을 반복해 끝맺기'라는 과정을 통하면 어떤 설명도 더 쉽고 탄탄해진다는 것이다.

신입사원의 경우 경험이 부족하다 보니 상사에게 보고를 하거나 설명을 할 때 상대가 듣고 싶어 하는 부분보다는 자기 생각 위주로 설명하는 경우가 많다. 영업사원이 고객을 설득하는 과정을 생각해보라. 내세우고 싶은 상품의 장점보다 고객에게 득이 될 사항을 먼저 설명해 주지 않는가.

한편 '잘 알아듣는 능력' 못지않게 중요한 것이 '잘 알아듣게 말하는 능력'이다. 할 일도 많고 결정해야 할 것도 많은 상사들은 주저리주저리 설명하는 것을 들어줄 시간이 없다. 몇 분 차이지만 결론을 먼저 말하고 이유를 말하면 될 것을 굳이 세부사항을 설명하고 결론을 나중에 말할 이유는 없다. 결론적으로, 당신이 하고 싶은 말보다 상대방이 듣고 싶은 말을 하라.

09
내또출, 급여체······
어디서 온 말이니?

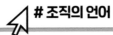

나는 나이차가 25살이나 나는 후배와 나란히 앉아 근무를 한다. 후배의 어머니가 나보다 한두 살 적으니 내가 어머니뻘인 셈이다. 대학을 갓 졸업한 후배는 귀엽고 풋풋하고 사랑스럽다. 밀레니얼 세대답게 줄임말을 자주 사용하는데, 줄임말을 해놓고는 내가 알아듣지 못할 것을 감안해 풀어서 다시 말해주곤 한다.

밀레니얼 세대들이 사용하는 용어는 말 그대로 '별다줄'이다. 별걸다 줄이는 90년대 신입사원들은 갑분싸, 따아, 아아, 인싸는 기본이고, 최애, 솔까말, 취존, 현타, 낄끼빠빠 같은 줄임말도 일상처럼 쓴다. 최근에는 알잘딱깔센(알아서, 잘, 딱, 깔끔하고 센스있게), 내또출(내일 또 출근), 오놀아놈(오 좀 놀 줄 아는 놈인가?), 만반잘부(만나서 반가워, 앞으로 잘 부탁해), 급여체(직장인들 사이에서 사용되는 용어)처럼 설명을 들어야만 이해가 되는 줄임말이나 신조어도 많다. 회사에서는 최대한 쓰지 않으려 하는 것 같은데, 무의식중에, 그리고 친구들과 어울린 다음날엔 자신도 모르게 줄임말이 툭툭 튀어나온다. 그러고 나서는 알아듣지 못하는 나이 많은 팀장을 위해 풀이를 해주는 것이다. 이뿐만이 아니다. 라면 중에 전혀 다른 뜻을 가진 단어의 글자 모양을 본뜬 '네넴띤'이라는 라면명도 나올 정도니, 요즘 젊은 세대들의 용어는 외계어 같다는 한 임원의 말이 실감난다. 상사나 기성세대들이 젊은 직원들의 용어를 배워야 하는 부분도 있겠지만 회사에 들어온 이상 회사의 언어에 먼저 익숙해질 필요가 있다. 회사어를 모르면 소통에 어려움이 있기 때문이다.

알아두면 편한 회사의 공통 용어

회사마다 그 기업의 용어, 즉 회사의 공통 용어가 있다. 이를 가리켜 '터미널러지 Terminology라고 한다. 회사에 들어오면 줄임말을 줄이고 터미널러지에 빨리 익숙해질 필요가 있다.

회사 용어 중 가장 많이 듣는 표현이 품의서일 것이다. 기안서는 프로젝트나 업무를 처음 시작할 때 작성하는 문서이고, 보고서는 업무 과정 또는 결과를 보고하는 서식이다. 품의서는 결재권자에게 업무를 승인해 줄 것을 요청하는 문서다. 지출결의서는 지출이 예상되는 비용을 사전에 승인 받기 위해 작성하는 문서로, 업무 실행 전에 지출결의서로 금액에 대한 부분을 결재 받고 종료 후에 결과 사항을 한 번 더 결재 받는 것이 일반적이다. 세금계산서는 거래 사실을 통해 부가세 징수를 목적으로 발급하는 영수증을 말한다.

결재決裁와 결제決濟를 제대로 구분하지 못하는 직원들이 많은데, 확실히 알아두자. 결재는 상사가 안건에 대해 검토 및 허가, 승인하는 과정을 의미한다. 상사에게 올리는 문서나 결재 서류를 생각하면 된다. 같은 발음의 결제는 대금을 주고받아 거래 관계를 끝맺는 것으로, 돈과 관련된 용어다.

TFT는 Task Force Team의 약자로, 여러 부서와의 협업이 필요한 업무를 수행할 때 당장 적합한 인원을 모아 임시로 만든 팀이라고 보면 된다. PMProject management은 총괄 책임자라는 뜻으로, 어떤 프로젝트의 전반적인 책임과 권한을 가진 매니저를 말한다. R&R은 Role and Responsibility의 약자로, 업무를 수행함에 있어 본인이 해야 할 책임과 역할을 뜻한다.

최대한 하지 않을수록 좋다는 OTOver Time는 초과 근무를 의미한다. 팔로업Follow-up은 단기간에 끝나지 않는 업무의 경우 이를 지속적으로 확인하고 관리하는 작업을 말한다. 쉽게 말해 후속 작업이다.

회사에서는 이런 용어 말고도 금일(오늘), 작일(어제), 명일 또는 익일(내일), 금주(이번주), 차주(다음주) 등의 용어도 많이 쓴다. 이런 것도 모르는 사람이 있나 싶겠지만 의외로 많다. '특이사항'과 '특기사항'을 헷갈리는 경우도 많다. 특이사항은 특별히 이상한 사항, 특기사항은 특별히 기억하거나 신경 써야 할 사항이라고 생각하면 된다.

반려는 결재가 승인되지 않고 되돌아오는 경우이니 반가운 용어는 아니고, 재가는 결재권을 가진 사람에게 안건을 허락하여 승인 받은 것을 말한다. 사안은 진중한 내용이나 문제를 의미하고, 불출이라는 표현도 가끔 쓰는데 내어준다는 의미이며, 송부는 보낸다는 뜻이다. 이것 말고도 회사의 용어는 무궁무진하다. 천천히 익히면 되고, 또 자연스럽게 익혀지니 부담스러워할 필요는 없다.

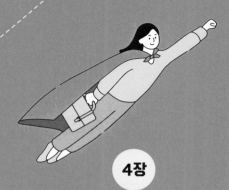

4장

업무 기술 :
2%가 차이를 만든다

01
확실하게
눈도장 찍는 법

#자기소개

얼마 전 퇴근길에 영업지원팀 H와 엘리베이터를 같이 타게 되었다. 평소 나를 잘 따르던 H는 회사 앞에서 자신의 쌍둥이 동생이 기다리고 있다며 동생을 한 번 보지 않겠냐고 했다. 회사 현관문을 나서자마자 H와 똑같이 생긴 또 한 명의 H가 서 있었다. 얼결에 H를 만난 우연으로 그렇게 H의 동생과 인사를 나누게 되었다. H는 동생을 다른 사람에게 소개해 본 경험이 많은 듯 능숙하게 자신의 동생을 나에게 소개했고, H의 쌍둥이 동생 역시 H만큼이나 당차고 활달한 모습으로 첫 대면을 편안하게 받아들였다.

직장생활을 하다 보면 거래처 담당자를 만나거나 외부 손님을 맞이

하는 등 하루에도 몇 번씩 다양한 만남이 이루어진다. 이 과정에서 자신을 소개하고 소개받는 일이 자주 일어난다.

직장에서의 소개는 단순히 그 사람이 누구인지를 알려주는 것을 넘어 두 사람의 관계를 연결하고 인맥을 형성할 수 있는 기회다. 스스로를 다른 사람에게 소개하건 H처럼 누군가에게 제3자를 소개하건 첫 만남에서 이뤄지는 소개는 중요하고 앞으로의 관계에 큰 영향을 미친다. 소개를 통해 지금까지 알지 못했던 사람과 인연을 맺기도 하고, 대화를 통해 친해지는 계기가 될 수도 있기 때문이다. 소개 분위기가 좋으면 첫 만남의 인상도 좋아지고, 첫 대면 시 이미지는 상대에 대한 평가에도 중요한 작용을 한다. 그러므로 자연스럽고 부드러운 분위기를 위해서는 올바른 소개 매너를 익혀두는 것이 좋다.

상대의 머릿속에 확실하게 기억되려면

신입사원의 경우 누군가를 직접 소개하거나 소개받은 경험이 많지 않다 보니 소개 자리가 어색하고 긴장될 수 있다. 어떻게 할지 몰라 우왕좌왕하거나 방금 소개받은 사람의 이름을 잊어 당황하는 경우도 종종 발생한다. 우선 소개를 하거나 받을 때는 기본적으로 일어서서 하는 것이 예의지만 소개를 받는 상대가 직급이 훨씬 높거나 연장자일 경우에는 앉아서 받아도 무방하다. 소개해 주는 제3자 없이 스스로 자신을 소개할 때는 밝은 표정으로 시선을 맞추며 인사말과 함께 이름과 소속을 밝히면 된다. 이때는 상대가 정확히 들을 수 있도록 분명하고 정확한 목소리로 해야 한다. 인사드리는 분이 연장자이거나 직급이 높은 분이라면 "안녕하세요?"보다는 "안녕하십니까?"와 같은 '다·까'의 표현을 쓰는 것이 더 정중해 보인다. 여기에 말끝을 살짝 올리면 더욱 상냥한 느낌이 든다.

소개하는 데도 순서가 있다. 사회적 지위가 다른 경우에는 지위가 낮은 사람을 높은 사람에게 먼저 소개한다. 연령대가 다른 경우에도 연령이 낮은 사람을 연령이 높은 분에게 먼저 소개한다. 연령과 사회적 지위가 각각 다른 경우 일반적으로 사회적 지위를 우선하여 지위가 낮은 사람을 높은 사람에게 먼저 소개한다. 선후배인 경우 후배를 선배에게 먼저 소개하고, 남성과 여성을 소개할 경우 남성을 여성에게 먼저 소개한다. 다만, 남성이 연장자이고 사회적 지위도 높은 경우에는 여성이라 해도 여성을 남성에게 먼저 소개하는 것이 바람직하다. 또 같은 연령대에 같은 지위의 동성인 경우 소개하는 사람과 친한 쪽을 먼저 소개하면 된다.

같은 여성인 경우 미혼자를 기혼자에게 먼저 소개하고, 동료와 손님의 경우 동료를 손님에게 먼저 소개한다. H의 경우처럼 가족의 경우 자기 가족을 다른 사람에게 먼저 소개하는 것이 예의다. 한 사람이 많은 사람을 소개하는 경우에는 특별히 지위나 연령이 높은 사람이 있으면 그분을 먼저 소개하지만 일반적으로는 좌측에서부터 차례로 한 사람씩 소개하면 된다.

제3자를 누군가에게 소개할 때는 "○○씨를 소개하겠습니다."라는 멘트로 분위기를 조성한 후 소개하는 사람의 성명, 소속, 직위 등을 말한다. 이어서 소개자의 경력이나 특징 등을 간략하게 함께 설명하면 분위기도 자연스러워지고 상대방에게 더 쉽게 기억시킬 수 있어 소개 효과도 높아진다.

외부인에게 나의 상사를 소개하는 경우도 있다. 이때 외부인이 직위가 있거나 연령이 높은 경우에는 나보다 선배나 상사를 소개한다고 해도 "○○○부장님이십니다.", "○○○대리님입니다." 등으로 높여서 말하지 않는다. 내가 누군가를 소개받을 경우에는 "뵙고 싶었는데 영광입니다." 라든지 "○○에게서 말씀 많이 들었습니다." 같은 우호적인 멘트를 하면 분위기가 편안하고 자연스러워진다.

소개를 받을 때는 상대방의 이름과 직급을 정확하게 기억했다가 대화 중 상대방의 이름과 호칭을 불러주면 친근감을 더할 수 있다. 상대방의 이름을 제대로 듣지 못했거나 잊어버렸을 때는 당사자가 아닌 소개자를 통해 조용하게 확인하는 것이 예의다.

또 소개를 하거나 소개를 받을 때는 명함을 미리 챙겨놓았다가 소개하는 즉시 전할 수 있도록 준비한다. 상대방에게 소개를 받고 나면 "처음 뵙겠습니다. 저는 ○○○라고 합니다."라고 공손하게 인사를 하면서 명함을 전달하면 된다.

처음 소개받은 사람과의 대화 주제는 날씨, 여행, 예술, 스포츠처럼 가벼운 것이 좋다. 개인적인 일신상의 문제나 정치, 종교, 금전 등에 관한 화제는 피해야 한다. 사투리를 지나치게 사용하거나 외래어 또는 전문 용어를 과다하게 사용하는 것도 지양해야 한다. 목소리가 너무 크거나 작아도 호감을 줄 수 없으니 분명한 발음과 밝은 목소리, 적당한 속도로 상대방의 표정과 눈빛을 주시하면서 대화하는 것이 좋다.

02
악수는 단순히
손을 맞잡는 것이 아니다

신입사원 시절부터 손님이 오시면 나는 늘 상냥한 얼굴로 맞이하려 애썼다. 그런데 인사를 하고 나면 가끔 악수를 청해오는 분들이 있다. 손이 못생긴 건 아니지만 보통의 여자들에 비해 다소 큰 손이 콤플렉스인 나는 손을 잡는 것이 부담스러워 악수를 적극적으로 하지 못하고 손끝만 살짝 내밀곤 했다. 입사한 지 한참이 지나서야 그렇게 악수하는 것이 결례라는 사실을 알게 되었다.

중세 시대까지만 해도 악수는 손에 무기가 없고 공격할 의사가 없음을 오른손을 내밀어 확인시키던 방법이었고, 팔을 흔드는 것은 맞잡은 손의 소매에도 무기를 숨기지 않았다는 의미였다. 이러한 악수는 오늘

날 우호와 화합의 상징으로 비즈니스에서 나누는 여러 가지 인사 중 가장 보편적인 인사법이 되었다. 상대방과의 신체 접촉을 통해 친밀감을 표현하고 호감을 전하는 행위인지라 빠른 시간 내에 상대를 친근하게 끌어당겨 마음을 열게 하는 방법이기도 하다. 이것만 보아도 악수는 단순히 손을 맞잡는 것 이상의 의미를 지닌다. 그러므로 악수를 할 때는 미소 띤 얼굴로 마음에서 우러나오는 태도로 상대방에게 집중해서 해야 한다. 이 외에 몇 가지 악수 예절을 알아두면 상대에게 호감을 살 수 있다.

손에도 매너가 있다

악수를 할 때는 상대방의 손이 아닌 눈을 보는 것이 기본이다. 밝은 표정으로 눈을 마주친 후 상대에 따라 5도에서 15도 정도 가볍게 목례를 한 후 오른손을 내밀어 상대의 손을 잡으면 된다.

상대가 손을 흔들면 2~3회 정도 가볍게 따라 흔든다. 악수를 청하는 데도 순서가 있는데, 지위나 연령 차이가 큰 경우에는 일반적으로 윗사람이 아랫사람에게 먼저 청한다. 보통 상급자가 먼저 청하는 것이 예의이므로 신입사원이 상사나 연장자에게 먼저 악수를 청하는 결례를 범하지 않도록 한다.

여러 사람과 악수할 때 손을 잡은 사람에게 집중하지 않고 그 다음 사람에게 시선과 몸이 자신도 모르게 먼저 옮겨가는 경우가 있는데, 이런 행동은 악수하는 상대에게 결례다. 또 왼손잡이어도 악수는 오른손으로 하는 것이 올바르며, 악수를 한 상태에서 이야기를 너무 오래 나누지 않아야 한다.

지위나 연령이 비슷한 남녀 간에는 여자가 먼저 악수를 청하지만, 상대 여성이 악수를 청하지 않을 때는 보통례를 하면 된다. 비슷한 직위나 동년배의 남성일 때는 자연스럽게 서로 악수를 나누면 된다.

악수 못지않게 중요한 것이 손 매너다. 내가 아는 모 팀장은 회의에서 발언을 하거나 대화를 할 때 검지를 펴서 지목하는 듯한 모션을 자주 취한다. 고쳐지지 않는 걸로 보아 자신의 습관을 인식하지 못하는 것 같다. 이런 습관은 좋은 얘기를 할 때는 상관없지만 의견이 다르거나 다소 목청을 높이는 상황에서는 불쾌하게 여겨지곤 한다.

손은 의사를 전달할 때 쓰이는 매우 효과적인 보조 수단이다. 회사 생활에서 얼굴만큼이나 다른 사람의 시선을 자주 받는 부위이기도 하다. 악수를 하거나 명함을 건넬 때, 서류나 물건을 전달할 때, 무언가를 가리킬 때 등 모든 순간에 사람들의 시선이 손으로 가기 때문이다. 그러므로 누군가를 지목하거나 어딘가 위치를 지시할 때는 손가락보다는 손바닥 전체를 펴서 손바닥이 보이도록 설명하는 것이 좋다. 몸짓은 언어와 같아 말로 해야만 기분이 나쁜 것이 아니다. 사소한 행동 하나로도 상대에게 불쾌감을 줄 수 있다는 점을 기억하자.

손가락질 말고도 회의나 미팅을 할 때 습관적으로 팔짱을 낀 채 대화하는 사람도 있다. 팔짱 낀 모습이 자신감의 표현이라고도 하지만 그보다는 무관심, 냉담, 고압적인 제스처로 인식되는 경우가 많으니 상사나 선배와 대화할 때는 팔짱을 끼는 모습은 삼가는 것이 좋다. 사소한 손이라고 생각할지 모르지만 상대방에게는 사소하게 여겨지지 않는다는 점을 기억하라.

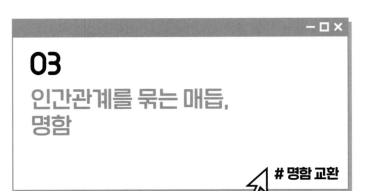

03
인간관계를 묶는 매듭,
명함

명함 교환

이번 달 수습사원 딱지를 떼고 정사원 발령을 받는 총무팀 P. 그런 그가 점심 식사 자리에서 자신이 입사 전 꿈꾸었던 회사생활의 로망이 있었다며 말을 꺼냈다. 정장을 쫙 빼 입은 채 한 손에 아이스커피를 들고 휴대폰으로 메일을 확인하며 도심을 거니는 모습, 많은 사람들이 지켜보는 가운데 회의실에서 유려하게 프레젠테이션을 하는 모습, 명함 지갑에서 명함을 '착' 꺼내 당당하게 건네는 모습. 정사원 발령을 받은 뒤 명함을 받고 얼마나 감격스러웠는지 모른다는 P의 말에 모두가 조용히 고개를 끄덕였다.

P를 감격시킨 명함은 비즈니스에서 자신의 소속과 신분을 알리는 중

요한 도구다. 명함 교환을 통해 관계가 형성되고 유지된다고 해도 과언
이 아니다. 그렇다 보니 명함을 주고받는 그 짧은 순간, 간단한 행동 하
나로 첫인상이 결정되기도 한다. 명함을 건네는 손길에서, 또 상대방의
명함을 받는 태도에서 명함에 적힌 내용 이상의 평가를 받을 수 있다.
게다가 상대에게 명함을 건넨다는 것은 그 상대와의 약속을 지키겠다
는 신호이기도 하다.

버려질 것인가, 기억될 것인가

내 명함을 받은 상대가 내 명함을 잘 보관할 수도 있고 버릴 수도 있
다. 상대가 명함을 어떻게 활용하느냐에 따라 나는 기억되는 사람이 될
수도 있고, 잊혀지는 사람이 될 수도 있는 것이다. 그렇다면 나에 대한
첫인상을 좋게 남기기 위한 명함 예절은 어떤 것이 있을까.

명함에는 가능하면 최근 정보가 담겨야 한다. 주소나 휴대폰 번호 등
이 변경되었다면 바로 교체해야 한다. 또 명함은 평소 충분한 수량을
준비하여 교환 시 명함이 부족해 당황하는 일이 없도록 한다. 특히 여
러 사람을 한꺼번에 만나는 미팅이 있을 때는 여유 있게 준비하는 것이
필수다. 비즈니스 미팅에서 명함을 준비해 가지 않거나 부족하게 준비
해 간다면 신뢰를 얻을 수 없다. 또한 명함은 오염되지 않도록 명함 지
갑 등을 활용해 항상 깨끗하게 보관해야 한다.

명함을 건넬 때는 일어서서 주고받는 것이 기본이다. 미소를 유지한

채 가벼운 목례나 악수로 상대에게 먼저 인사를 한 다음 명함을 건넨다. 이름이 상대방 쪽으로 향하게 하여 회사명과 이름+직급 등 소속과 이름을 밝힌다. 순서대로 주고받는 경우라면 상대적으로 서열이 낮은 사람이 먼저 명함을 건넨다. 명함을 주고자 하는 상대측이 한 명 이상이라면 직급이 높은 순서대로, 직급이 동일하다면 나와 가까운 쪽에 있는 사람부터 명함을 준다.

다른 회사에 방문해서 진행하는 미팅이라면 지위와 관계없이 방문한 사람이 먼저 건네는 것이 예의다. 직급이 다른 멤버가 동행한 경우라면 직급이 높은 사람이 먼저 상대편에게 건네고, 그 다음 아래 직급이 전달한다. 명함을 받은 후에는 명함을 받은 즉시 상대방의 이름과 직급을 확인하고 다시 한 번 인사를 한다. 테이블이 있는 자리에 앉을 경우 건네받은 명함은 테이블 오른쪽 하단에 잘 보이도록 비치하여 자신이 상대방을 확인하고 있음을 보여준다. 인원이 많을 때는 앉은 자리대로 받은 명함을 배치하는 것이 기억하기에 좋다. 미팅을 마치고 명함을 넣을 때도 구겨지지 않게 지갑에 잘 넣어 마지막까지 좋은 인상을 남길 수 있도록 한다.

명함을 주고받을 때의 작은 행동 하나가 이미지를 좌우할 수 있다. 자신의 명함을 바로 찾지 못하고 뒤적거린다거나 명함을 뒷주머니에서 꺼내는 일은 없도록 하자. 상대방의 명함을 받자마자 주머니에 바로 넣거나 상대방이 보는 앞에서 명함에 메모를 하는 것은 결례다. 혹시 명함을 챙겨가지 못했을 경우에는 상대방 명함의 연락처로 나중에 자신의 명함을 사진 파일로 보내겠다고 양해를 구하면 된다. 받은 명함은 사무실 복귀 후 엑셀이나 명함관리 프로그램을 통해 잘 정리해 놓으면 기억할 때나 명함을 가지고 있지 않아도 편리하게 바로 확인할 수 있다. 이때 미팅일, 장소, 상대방의 특징, 관심사 등을 함께 기록해 두면 나중에 도움이 된다. 명함은 또 하나의 내 얼굴이다. 내 얼굴이 버려지지 않도록 각별히 신경 쓰자.

04
차 탈 땐
개념도 함께 탑승해야

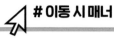

이동 시 매너

우리 회사의 7층은 CEO가 근무하는 곳으로, 직원들이 부담스러워하는 층이다. 위층에서 엘리베이터를 타고 내려오던 직원들은 7층에서 엘리베이터가 멈추면 바짝 긴장을 한다. 7층 엘리베이터 문이 열리고 CEO가 앞에 서 있으면 엘리베이터 안에 타고 있던 직원들은 약속이나 한 듯 우르르 내리곤 한다. 그렇게 직원들이 엘리베이터에서 내리면 CEO도 난감해서 함께 타고 내려가자고 해도 직원들은 내려서 비상계단을 이용한다. 직원들 입장에서는 몇 초 안 되는 짧은 시간이라도 회사의 최고경영자와 엘리베이터를 같이 타는 것이 부담이 되는 모양이다.

9층에 근무하는 재무팀 신입사원 S. 유관 부서가 3층에 있다 보니 엘리베이터를 자주 이용하는 S는 유독 CEO와 엘리베이터에서 마주치는 경우가 많다. 입사 초 S는 엘리베이터에서 CEO와 마주치자 재무팀 팀장과 과장은 엘리베이터에서 내려 계단으로 내려가는데 그녀는 엘리베이터에서 내리지 않고 귀퉁이로 뒷걸음질을 쳤다. 3층이 목적지인 신입사원이 내리려면 엘리베이터 안쪽에서 나와야 했고, 1층에서 내리는 CEO가 '열림' 버튼을 눌러주는 상황이 발생했다. 3층으로 걸어 내려온 팀장이 CEO가 엘리베이터맨이 되어 버린 상황을 목격했고, S는 순식간에 화제의 인물이 되어 버렸다.

직장생활을 하다 보면, 특히 사회 초년생이 생각할 때 '이렇게까지 해야 하나?' 싶은 순간들이 많을 것이다. 물론 요즘은 이렇게까지 다 신경 쓰는 분위기는 아니지만 이런 사소한 예의도 알아두면 나쁠 것이 없다. 엘리베이터뿐만 아니라 회의실, 식사 장소, 자동차 등 모든 자리에는 '상석上席'과 '말석末席'이 있다. 상석은 말 그대로 윗사람이 앉는 자리이고, 말석은 아래 직급이 앉는 자리다. 말만 들어도 벌써부터 '꼰대'라는 단어가 떠오르겠지만 지켜서 나쁠 건 없다. 평등화 되어 가는 직장생활에서 상석을 따지는 것이 보수적이고 권위주의적이라고 생각할지 모르지만 상사나 선배들은 자리 하나에도 예민하며, 기본 매너를 잘 모르는 직원을 개념 없다고 생각하기 때문이다. 각 위치에서의 상석은 다음과 같다.

각 위치에서의 상석

• 엘리베이터의 상석

엘리베이터는 출입문에서 가장 먼 구석 자리가 상석이다. 반대로 출입구와 가까운 쪽이 말석으로, 버튼을 조작하는 장치 앞이 막내의 자리고 그 반대편 안쪽이 상석이라고 보면 된다. 상사와 함께 엘리베이터를 탈 때는 먼저 탑승해 문이 닫히지 않도록 '열림' 버튼을 누른 뒤 상사의 탑승을 기다린다. 엘리베이터에서 내릴 때는 탈 때와 반대로 상사가 먼저 하차하고 완전히 하차할 때까지 '열림' 버튼을 누른다. 만약 엘리베이터를 함께 타는 경우가 아니라면 엘리베이터에 탑승한 상사나 손님이 탄 엘리베이터 문이 완전히 닫힐 때까지 자리를 뜨지 않고 문이 닫힐 때 인사로 마무리하면 된다.

• 회의실 및 식당의 상석

회의실의 형태나 테이블 모양에 따라 상석과 말석도 조금씩 다른데, 보통 가장 흔한 직사각형 테이블이 놓인 회의실에서는 출입구와 가장 가까운 자리가 말석이고, 출입구로부터 가장 멀리 떨어져 있는 자리가 상석이다. 디귿 자 모양 테이블은 정중앙의 연결부가 입구와 가장 멀게 배치되므로 정중앙이자 출입구와 먼 곳이 최고 상석이고, 맨 끝부분인 출입구와 가까운 쪽이 말석이 된다.

식당에서도 회의실과 마찬가지로 출입문에서 먼 쪽이 상석이고, 출입문 가까운 곳이 말석이다. 창밖이 보이거나 좋은 그림이 보이는 곳,

외부 경치가 좋은 곳도 상석이고, 장식장이나 난로가 있는 경우에는 장식장이나 난로가 있는 앞쪽을 상석으로 보면 된다. 소파는 긴 의자가 손님용이다.

● 자동차 상석

직급이 제일 낮을 때는 차라리 운전을 하는 게 속이 편할 수도 있다. 엘리베이터, 회의실, 식당, 회식자리도 모자라 자동차에 탈 때도 상석과 말석이 있기 때문이다. 피곤해도 알아두자.

자동차도 다른 경우와 마찬가지로 가장 편안한 자리가 상석이다. 운전기사가 있는 경우 2명 승차 시 상석은 보조석의 뒷자리이며 말석은 조수석이다. 3명 승차 시에도 상석은 여전히 조수석 뒷자리이며 그 다음 상석은 운전석 뒷자리, 조수석이 말석이다. 자가 운전의 경우에는 2명 승차 시 운전자와 직위에 큰 차이가 없거나 운전자가 상사일 때는 운전석 옆자리인 조수석에 앉는다. 하급자가 운전 시에는 조수석 뒷자리가 상석이므로 상급자를 조수석 뒷자리로 안내한다. 3명 승차 시에는 운전자와 직위에 큰 차이가 없거나 운전자가 상급자일 때는 운전석 옆자리가 상석이고 그 다음 상석이 조수석 뒷자리이며 4명일 경우는 운전석 뒷자리가 가장 말석이다. 기차와 버스는 보통 창가가 상석이다.

05
도대체 어젯밤에
무슨 일이 있었던 거죠?

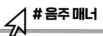

음주 매너

　　입사 일주일차 홍보팀 K. 회식 다음날 아침 지끈거리는 머리를 부여잡고 9시에 겨우 맞춰 출근을 했는데 사무실 분위기가 묘하다. 도대체 어젯밤에 무슨 일이 있었던 걸까.

　어제는 K의 입사 환영 회식이 있었고, 평소 술이 약한 K였지만 선배들의 축하주를 받고 신이 나서 열정을 가득 담아 그동안 갈고 닦은 개인기를 펼치며 화기애애한 술자리를 만들었다. 2차로 간 노래방에서도 분위기를 띄우기 위해 열심히 탬버린을 흔들며 춤까지 췄다. 분위기가 한껏 달아오르자 K는 다소 깐깐해서 어렵게 느껴졌던 S팀장과 친해져 볼 요량으로 팀장을 일으켜 세워 마이크 줄로 몸을 감고 '꼼짝 마라'를 외

쳤다. K는 기억하지 못하겠지만 순식간에 벌어진 상황에 노래방에는 순간 정적이 흘렀고, 직원들의 도움으로 풀려난 S팀장은 황급히 노래방을 빠져나갔다. 이후 '노래방 스파이더맨'으로 소문이 난 K는 2주 뒤 타부서로 발령이 났고, S팀장과는 다소 어색한 사이가 됐다.

직장인의 회식은 기업 문화 또는 직장생활의 일부로 인식된다. 회식의 명분은 구성원들끼리 회포를 풀고, 개인 또는 부서 간 갈등을 완화하고 화합을 도모하는 것이다. 우리나라의 이런 회식 문화를 보고 한 외국 상공인은 이렇게 표현했다고 한다.

"한국인은 모이면 마시고, 취하면 싸우고, 다음날 다시 만나 웃고 함께 일한다. 한국에서 성공하기 위해서는 술문화에 익숙해져야 한다."

폭탄주, 잔 돌리기, 강압적인 술 권유, 2·3차로 이어지는 회식 자리. 외국인들은 한국의 이런 회식 문화를 이해하기 어려워한다. 음주 자체가 나쁘다고 할 수는 없다. 회식 자리에서의 음주가 조직의 결속력을 강화시키는 윤활유 역할을 하는 것도 어느 정도 사실이다. 하지만 이러한 역할은 '적당한 음주 문화가 정착되었을 때'를 전제로 한다. 화합을 위한 회식 자리가 자칫 술로 인해 만회하기 어려운 실수의 장으로 변하거나 감정 싸움으로 번질 수 있기 때문이다. 그렇기에 예절과 매너를 지키며 제대로 마시는 것이 중요하다. 특히 사회 초년생인 신입사원에게 회식 자리는 업무 능력보다 인성과 태도 측면에서 더 큰 평가를 받는 자리일 수도 있다. 술이 원수라는 K와 같은 상황이 되지 않기 위해서 지킬 건 지키자.

술자리 매너 Q&A

Q. 술자리에도 상석이 있나요?

A. 있다. 장소에 따라 다를 수 있으나 술자리의 상석은 다른 좌석의 간섭을 받지 않는 편안한 자리라고 생각하면 된다. 좌식 룸인 경우 벽을 등지고 출입문을 바라볼 수 있는 자리가 상석이다. 윗사람을 상석으로 안내한 뒤 자리에 앉는 것이 첫 번째 예의다.

Q. 권하는 술은 무조건 받아 마셔야 하나요?

A. 그런 시대는 지났다. 주량껏 마시는 것이 가장 좋다. 아울러 자신의 주량을 정확히 알고 있어야 한다. 다만 상사가 주는 술은 잘 마시지 못하거나 마실 수 없는 상황이라 해도 첫 잔은 받는 것이 예의다. 마시지 못하는 상황이라면 잔에 입만 댔다 떼도 괜찮다. 그 다음 잔은 자신의 상황을 설명하고 양해를 구한다.

Q. 잔을 꼭 두 손으로 잡고 술을 받아야 하나요?

A. 윗사람에게 술을 받을 때는 두 손으로 잔을 잡고 받는 것이 좋다. 한 손으로 술잔을 잡을 때는 다른 한 손은 술잔을 잡은 손을 받치거나 팔꿈치와 손 사이에 가볍게 대면 된다. 술을 받고 난 뒤에는 '감사합니다'라는 말과 함께 가볍게 목례 후 마신다. 함께 마실 때는 윗사람이 먼저 마시는 것을 확인하고 술을 마시면 된다.

Q. 꼭 오른손으로만 잔을 받아야 하나요?

A. 과거에는 오른손을 바른손이라 하여 왼손을 금기시해 온 것이 사실이다. 하지만 이제는 왼손잡이에 대한 터부가 많이 완화되었다. 그럼에도 음주 문화는 다른 문화에 비해 비교적 보수적이라 왼손에 관대하지 않은 사람도 있으니 가급적 오른손을 이용하는 것이 좋다.

Q. 윗사람이 '원샷' 하면 저도 잔을 비워야 하나요?

A. 이건 정말 정답이 없다. 윗사람이 술을 강권하는 유형이라면 분위기상 잔을 비워야겠지만, 적당히 마시라며 편하게 해주는 상사라면 자신의 주량에 따르면 된다. 마시는 속도 역시 맞추는 것이 가장 좋지만 분위기를 맞춘다는 이유로 억지로 마시고 주사라도 부리게 되면 본의 아니게 실수를 할 가능성이 있으므로 적당히 조절하는 지혜가 필요하다.

술자리에서 분위기가 무르익으면 서로 편해졌다는 생각이 들어 동료들 얘기가 나오는 경우가 있다. 하지만 앞에서도 말했듯 회사나 동료들에 대한 뒷담화나 종교 또는 정치와 관련된 대화는 자칫 분위기를 흐릴 수 있다. 술에 너무 취하지 않도록 긴장감을 유지할 필요도 있다.

신입사원들은 술자리의 기본 예의만 지켜도 함께 회식자리를 가진 윗사람들에게 예의 바른 사원으로 각인될 수 있다. 상사와 함께하는 술자리에서는 강렬한 인상을 심어주는 것보다 실수하지 않는 것이 더 중요하다. 게다가 요즘은 술 문화가 많이 달라져서 음주 예절도 많이 완화되었다. 술을 좋아하지 않거나 술이 약한 사람을 존중하고 술을 억지로 강요하지 않는 건전한 음주 문화가 자리 잡아가고 있는 것이다. 다음날 업무에 지장을 받거나 건강에 문제가 생길 정도로 마시기보다 상대의 음주 스타일을 존중하고 배려하는 마음으로 건강한 음주 문화를 만들어 가자.

06
돈 들이지 않고
투자하는 법

손님 접대

회의가 길어지자 신사업추진팀 J본부장이 신입사원 K에게 지시를 했다.

"3시에 손님들이 방문하기로 했으니 도착하시면 회의실로 안내하고 차를 대접해 주게."

K는 로비로 내려가 손님이 오기를 기다렸다. 약속 시간 5분 전 세 분의 손님이 도착했고, K는 소회의실로 내방객을 안내했다.

소회의실은 6층 안쪽, 한참을 걸어 들어가야 하는 곳에 위치해 있었다. K는 엘리베이터를 타고 6층에서 내려 손님들과 함께 회의실을 향해 걸어갔다. 한참을 걷다 뒤가 너무 조용해 돌아보니 아뿔싸 손님들의 모습이 보이지 않았다. K는 놀라서 오던 길을 되돌아갔고, 손님들을 만날 수 있었다. 손님 중 한 분이 깜빡하고 차에 서류를 놓고 온 것을 6층에 내려서야 알게 됐는데, 다시 가지러 갈까 말까 고민하는 사이 K가 혼자 회의실을 향해 걸어갔던 것이다. 내방객들은 안내하던 K와 다소 멀어졌지만 큰 소리로 부르기도 뭐해서 난감해하고 있던 차였다. 물론 뒤늦게 K가 다시 되돌아와 만나긴 했지만 서로 당황스러울 수밖에 없었다.

회사 생활을 하다 보면 회사에서 거래처 손님이나 방문객을 맞이할 일이 자주 생긴다. 해외에서 바이어나 거래처 손님이 내방하는 큰 행사인 경우도 있지만 수시로 방문하는 내방객을 맞이할 일이 훨씬 더 많다. 미리 약속된 경우라면 자연스럽게 대응할 수 있겠지만 그렇지 않은 경우도 있어 경험이 부족한 신입사원 입장에서는 실수를 하는 경우도 흔하다. 사무실에 손님이 방문했을 때 응대 방법은 다음과 같다.

손님에게 대접받는 느낌을 주는 법

일단 사무실에 손님이 찾아온 경우에는 자리에서 일어나 무슨 일로 오셨는지, 찾으시는 분이 누구인지를 확인해야 한다. 내방객의 회사명과 성명, 방문 목적을 확인한 뒤 사전 약속 여부를 물으면 된다. 만나고자 하는 사람이 자리에 있는 경우, 즉 약속이 된 경우에는 면담 장소로 안내한다. 약속되지 않은 방문이라면 당사자에게 연락하여 응대가 가능한 경우에만 안내한다. 만나고자 하는 사람이 부재중인 상황이라면 내방객에게 지금 담당자가 외출 중임을 알리고 용건을 묻거나 전언을 들어준다. 만나고자 하는 사람이 면담 중이거나 회의 중일 경우엔 내방객의 용건을 간단히 메모해 전달하고 대답을 내방객에게 전한다. 내방객의 면회를 피하는 경우에는 회의나 외출 등의 적당한 이유를 대고, 전언을 메모해 놓는다. 담당자가 자리에 있다고 무턱대고 안내했다가 담당자가 난처해질 수 있다. 이 내방객이 상사 또는 담당자에게는 불청객일 수도 있기 때문이다.

방문객을 미팅 장소로 안내할 때는 방문객의 왼편에서 두세 걸음 앞서가며 인도한다. 가끔 뒤돌아보며 방문객의 발걸음과 맞추어 떨어지지 않도록 해야 한다. 계단을 올라가야 할 때는 내방객을 먼저 올라가게 하고, 내려갈 때는 안내자가 앞서 내려가면 된다. 엘리베이터를 탈 때는 안내자가 먼저 탑승해 열림 버튼을 누르면 된다.

문을 열고 닫을 때는 내방객이 먼저 들어가게 한 다음 따라 들어간다. 부득이하게 내방객을 기다리게 할 경우에는 미리 양해를 구하고, 기다리는 동안 차나 음료를 대접한다. 구비된 차나 음료의 종류를 말하고 원하는 차를 확인해 손님이 원하는 형태로 대접하면 더욱 센스 있는 직원이 될 수 있다.

배웅을 할 때도 센스가 필요하다. 대개의 경우 출입구 근처까지 배웅하는 것으로 끝나지만 예를 갖춰야 하는 중요한 손님이거나 안내가 필요한 경우에는 건물 입구까지 따라 나가는 것이 좋다. 엘리베이터 앞까지 배웅을 할 때는 문이 닫힐 때까지, 차량까지 함께 갈 때는 차가 떠날 때까지 서 있는 것이 좋다. 차가 출발할 때 가볍게 목례로 마무리하면 끝.

이와 같이 정중한 대접을 받은 내방객은 그 회사와 직원에 대한 좋은 이미지를 갖게 될 것이다. 다음 거래나 업무에 긍정적인 영향을 미치는 것은 당연하다.

07
내가 회사의
얼굴이라고?

 # 거래처 방문

손님이 우리 회사에 내방하기도 하지만 내가 거래처를 방문할 일도 많다. 역시나 이때도 간단한 예절을 지키면 상대방에게 좋은 인상을 줄 수 있다. 거래처에 방문하기 전에 약속을 잡고 방문하는 것은 기본 중에 기본이다. 오전에는 급한 업무를 처리하거나 집중하는 경우가 많으므로 방문 시간은 오전보다는 오후가 좋다. 점심 식사 전이나 식사 직후보다는 3~5시 정도가 적당하며, 출퇴근 시간은 피해 방문하는 것이 좋다. 약속 후 차량 혼잡이나 교통체증으로 본의 아니게 약속 시간을 지키지 못할 수도 있기 때문이다.

거래처로 출발하기 전에는 상대편 담당자에게 한 번 더 확인하고 출발한다. 동행자가 있는 경우에는 사전에 동행자가 있다는 사실을 알려야 한다. 명함은 넉넉히 준비하고, 필요 서류와 물건을 잘 챙겼는지도 다시 한 번 점검한다. 거래처에서 미팅 준비가 되기 전 너무 빨리 도착하면 당황스러울 수 있으니 약속한 시간보다 10~15분 정도 일찍 도착해 화장실에 들러 용모와 복장을 체크하고 들어가는 것이 좋다. 겨울이라면 코트나 장갑은 사무실에 들어가기 전에 벗는다. 휴대폰을 진동이나 매너 모드로 전환해 놓고, 미팅 중 불가피하게 전화를 받아야 하는 경우에는 상대방에게 양해를 구하고 간단하게 통화한다.

사무실에 안내를 받은 뒤엔 함부로 상석에 앉지 않도록 한다. 상대방이 들어오면 자리에서 일어나 인사를 한 뒤 자리를 안내 받으면 된다. 차나 다과를 대접받을 경우 당연하게 여겨 감사 인사를 하지 않는 것은 매너가 아니다. 대접받은 차나 다과를 마시거나 먹지 않는 것도 마찬가지다. 선호하지 않는 차여도 조금은 마시는 것이 예의다. 이 외에도 거래처 방문 시 좀 더 매너맨으로 거듭날 수 있는 방법 몇 가지를 더 소개한다.

거래처 매너맨으로 거듭나는 법

커피로 할지 다른 차로 할지 물어보면 무조건 사양하기보다는 다른 차 종류는 뭐가 있는지 물어보면 된다. 커피와 녹차밖에 없다고 해도 할 수 없이 녹차로 하겠다는 뉘앙스가 아닌 "감사합니다. 녹차로 부탁

드러도 되겠습니까?"라고 말한다면 똑 부러지고 정중한 느낌을 줄 수 있다. 예정했던 미팅 시간을 초과하게 되는 경우 상대방에게 시간을 더 낼 수 있는지 확인하고 가능하다면 말을 이어가지만 곤란해할 경우 요점만 정리하고 다음 미팅을 기약한다. 미팅 중 시계를 자주 보지 않는 것은 기본이다.

거래처를 방문할 때는 작은 선물을 준비하는 것도 좋다. 상대방이 관심을 가질 만한 것이나 좋아할 만한 선물을 준비한다면 만족도를 높일 수 있다. 선물을 구입할 때는 가능하면 방문처 근처에서는 사지 않는 것이 좋다. 근처 어느 가게에서 산 얼마짜리 선물이라는 것을 상대가 모를수록 좋기 때문이다. 선물 준비에 세심한 배려를 담았다는 인상을 준다면 금액보다 감동이 커지는 것은 당연하다. 이런 선물은 거래처 방문 시뿐만 아니라 상사나 동료에게도 가끔 준비하면 상대에게 기쁨과 감동을 줄 수 있다.

선물을 할 때는 신경 써서 준비했으며, 마음을 표현하고 싶었다 같은 자연스러운 인사말을 담으면 더욱 좋다. 선물을 받았을 때는 감사의 마음을 표하고 "열어봐도 될까요?"라고 물은 뒤 풀어서 좋다는 표현을 하는 것이 상대에 대한 배려다. 우편이나 택배로 선물을 받은 경우는 반드시 전화로 감사의 인사를 한다.

미팅을 마치고 일어설 때는 자신이 앉았던 자리를 둘러보고 놓고 나오는 물건이 없는지 점검한다. 자신이 앉았던 의자를 제자리로 밀어 넣고, 휴지나 쓰레기는 챙겨서 나오는 것이 센스다. 차나 다과를 대접받았다면 감사히 잘 마셨다는 말도 잊지 않는다.

　업무상 방문은 서로 바쁜 근무 시간일 테니 너무 오래 머무르지 않아야 한다. 헤어질 때도 "귀한 시간 내주셔서 감사합니다."라는 마음의 뜻을 표현하면 정중하게 보인다. 방문의 목적이 달성되지 않았다고 해도 표정에 드러나지 않게 끝까지 정중한 태도로 인사한다.

08
아픈데 안녕하냐니……

경조사 참석

　　얼마 전 홍보팀장이 모친상을 당해 조문을 가야 했다. 다음날
은 출장이 있어 당일에 가야 하는 상황이라 저녁 선약을 미루고 몇몇 팀
장들과 함께 장례식장을 찾았다. 조문을 하고 나오려는데 인사팀 직원
들이 막 빈소로 들어서고 있었다. 급작스런 조문 일정에 복장을 갖추지
못한 모습이었다. 특히 신입사원 K는 맨발 차림에 빨간 립스틱까지 그
냥 보기에도 부담스러웠지만 무엇보다 조문에 대한 기본 예의를 전혀
모르는지 실수를 연발하는 모습이 안타까울 지경이었다.

　　직장생활을 하다 보면 이렇듯 직장 동료나 거래처 사람들의 문병을
가거나 조문을 가는 경우가 자주 있다. 하지만 아직 경조사 참석 경험

이 많지 않은 신입사원들은 잦은 실수로 상사나 선배들을 난감하게 하곤 한다.

부고를 접했을 때 문상이라는 표현을 쓰는 사람도 있고, 조문이라는 표현을 쓰는 사람도 있다. 같은 뜻으로 사용되지만 의미는 약간 다르다. 문상은 생전에 고인을 알던 사람이 고인의 명복을 빌어주러 가는 것이고, 조문은 상주를 아는 사람이 상주를 위로하러 갈 때 쓰는 표현이다.

문상이나 조문을 갈 때 화려한 색상의 옷이나 장식을 피하고 가능한 무채색 계열의 옷을 입는 것은 상식이다. 고인이나 상주와 각별한 사이일 경우는 특히 복장을 갖춰 입고 가야 한다. 검정색 양복이 좋지만 감색이나 회색 양복도 무방하다. 와이셔츠는 되도록 화려하지 않은 흰색 또는 무채색 계통의 단색이 좋고, 검정색 넥타이를 맬 것을 권한다. 여성의 경우 화려한 액세서리는 피하고 스타킹이나 양말을 필히 착용하여 맨발을 보이지 않도록 한다. 신입사원들이 특히 어려워하는 것이 축하나 위로를 전하는 방식과 순서다. 이번 기회에 확실하게 익혀두자.

경조사 참석 예절

● 조문 예절

빈소에 도착하면 문 밖에서 외투나 모자를 미리 벗는다. 상주에게 가볍게 목례를 하고 영정 앞에 무릎을 꿇고 앉는다. 향을 한 개 또는 두 개를 집어 불을 붙인 다음 손가락으로 가만히 집어서 끄거나 왼쪽으로 가볍게 흔들어서 끈다. 입으로 불어서 끄지 않는다. 그런 다음 두 손으로 공손히 향로에 향을 꽂은 뒤 몇 걸음 뒤로 물러나 영정 앞에 서서 묵념 또는 두 번 절을 한다. 헌화를 할 때는 오른손으로 줄기 하단을 가볍게 잡고 왼손 바닥으로 오른손을 받쳐 두 손으로 공손히 꽃 봉우리가 영정 쪽으로 향하도록 하여 헌화한 뒤 잠깐 묵념이나 기도를 하면 된다.

묵념이나 절을 한 다음에는 영정 앞에서 물러나 상주와 맞절을 하는데, 경우에 따라서 절을 하지 않는 경우에는 고개를 숙여 정중히 예를 표한다. 평소 가까운 사이라 해도 상주에게 낮은 목소리로 짧게 위로의 말을 한다. 고인과 관련하여 너무 많은 질문을 하는 것은 예의가 아니다.

물러나올 때는 두세 걸음 뒤로 물러난 뒤 몸을 돌려 나오는 것이 예의다. 고인이 연하일 경우 절은 하지 않는다. 상주에게 악수를 청하는 행동은 삼가고, 상주가 어리다고 반말을 해서는 안 된다. 고인이 연로하여 돌아가신 경우라 할지라도 상갓집에서 웃고 떠드는 것은 예의가 아니며, 상가에서는 함께 술을 마시더라도 건배는 하지 않는다.

• 병문안 예절

직장 상사나 동료의 병문안을 가는 경우 병문안을 가도 될지, 언제 갈지, 몇 명이 갈지, 무엇을 사갈지 등 여러 가지를 고려해야 한다. 입원 직후나 수술 후 안정이 되지 않은 환자에 대한 방문은 좋지 않으며, 입원이나 수술을 한 후 최소 2~3일 뒤에 가는 것이 좋다. 면회가 가능한지, 좋은 시간은 언제인지를 미리 확인하고 가는 것이 필수다. 평일이라면 오후 6~8시, 공휴일이나 주말이라면 오전 10~12시, 오후 6~8시가 적절하다. 진료, 회진, 교대 시간, 식사 시간 등을 피해야 하기 때문이다.

환자의 상태에 따라 다를 수 있지만 방문객을 상대하는 것은 상당한 체력이 소모되는 일이라 단체 방문은 환자를 힘들게 할 수 있다. 특히 다인실을 쓸 경우 외부 방문객으로 인해 북적이는 입원실은 다른 환자를 불편하게 한다. 큰 소리로 떠들거나 크게 웃는 것은 예의가 아니며, 환자의 안정을 위해 너무 오래 머물지 않는다.

복장도 신경 써야 한다. 상복을 연상시키는 위아래 검은 옷이나 너무 요란한 옷차림, 진한 화장이나 향수 등은 피한다. 선물을 사갈 경우 향이 강한 백합이나 목부터 구부러지는 동백꽃, 장례식장에서 주로 사용하는 국화, 죽음을 연상케 하는 시클라멘이나 시네라리아, 피를 연상시키는 빨간색 꽃은 피하는 것이 좋다. 병문안 대신 화분을 보내는 경우가 있는데, 거름이 들어 있는 화분에서 병균이 전염될 수도 있고, 오래 가는 화분을 선물하는 것은 환자가 병원에 오래 머무르라는 의미로 느껴질 수 있으므로 피해야 한다.

● **결혼식장 예절**

직장생활을 하다 보면 동료나 상사의 자녀 결혼식에 참석해야 하는 경우도 많다. 하객 패션이 신경 쓰일 수밖에 없는데, 여성이라면 밝은 색의 옷을 입어 결혼식 분위기를 살리되 어두운 계열의 코트나 재킷을 들고 가 사진을 찍을 때는 아우터를 입는 것이 좋다. 결혼식의 주인공인 신부의 웨딩드레스가 돋보여야 하기 때문이다. 흰색 옷이나 형광색처럼 자극적인 옷, 야한 옷차림은 당연히 피해야 한다. 남성은 짙은 회색 계열의 정장에 밝은 와이셔츠, 튀지 않는 넥타이를 매는 것이 무난하며, 지나치게 캐주얼한 옷차림은 피하는 것이 좋다.

결혼식에 갈 때는 패션도 신경 쓰이지만 더 큰 고민은 축의금일 것이다. 축의금은 본인의 경제 사정을 감안하여 신랑이나 신부와의 친밀도를 따져 결정하면 된다. 같은 부서 또는 동기는 좀 친밀한 범주로 넣고, 타 부서 직원이거나 얼굴만 아는 정도는 조금 적게 해도 무방하다. 축의금은 보통 10만 원 이하일 때는 홀수 단위로 금액을 넣으면 된다. 친분 정도에 따라 3만 원, 5만 원, 10만 원이 일반적이다. 축의금 봉투 뒷면 아래쪽에는 축의금을 보내는 사람의 이름을 세로로 적고 봉투는 봉하지 않는다. 직장 동료 여러 명과 함께 간다면 축의금을 함께 모아 전달하기도 한다.

09
노怒하지 않게
노No하는 방법

거절의 기술

　얼마 전, 큰 행사를 앞두고 업무 협의를 하는 과정에서 인사팀 K팀장이 D대리에게 언성을 높여 주변 부서 사람들까지 놀라게 하는 일이 있었다. K팀장이 지시한 업무를 진행하려면 최소 네 명의 인력이 필요한데 두 명이 하라고 한 모양이다. 이에 D대리가 그걸 어떻게 하냐며 못하겠다고 반발한 것이다. K팀장은 타부서 직원들과 다른 부하 직원들까지 있는 상황에서 D대리가 따지듯 말하니 순간적으로 열이 받았고, 결국 큰소리를 내기에 이르렀다. 그 상황을 지켜보던 인사팀 팀원들과 타 부서 직원들은 버럭 성질을 내는 K팀장도 문제지만 평소 요령 없기로 유명한 D대리의 대응을 안타까워했다.

직장생활에서 업무보다 중요한 것이 바로 '관계'다. 특히 의견이 다른 경우에는 더욱 신중하게 대처해야 관계가 틀어지는 것을 막을 수 있다. 신입사원이라고 해도 선배나 상사 의견에 모두 동의해야 하는 것은 아니다. 내가 가진 아이디어가 더 괜찮다는 생각이 드는 경우도 많을 것이다. D대리처럼 상사의 의견에 반박을 하거나 'NO'라고 말해야 하는 상황도 생긴다. 하지만 의견이 다르다고 해서 상사에게 반박하는 것이 신입사원에겐 쉽지 않은 일이다.

그럴 때는 내키는 대로 말하지 말고 우선 때와 장소를 고려해야 한다. 대화의 내용도 중요하지만 언제 어디서 어떻게 말하는지도 중요하기 때문이다. 자유로운 팀 분위기거나 둘이 대화할 때라면 모르지만 여러 사람이 지켜보는 상황에서 부하 직원이 반대 의견을 말하거나 대놓고 반박하는 상황은 가능하면 만들지 않는 것이 좋다. 이런 경우는 일단 다른 직원들이 다 있는 자리에서 따지듯 말하기보다는 나중에 따로 시간을 만들어 자연스러운 분위기에서 말하는 것이 좋다. 반박 의견을 말하는 시간과 장소에 따라 상사의 반응도 달라질 수 있기 때문이다.

거절 아닌 듯 거절하는 거절의 기술

상사를 비판하거나 강한 어조로 말하면 당연히 좋은 반응을 얻지 못한다. 한 가지 방법은, 비판이 아닌 질문을 하는 것이다. "월말 실적 보고를 매달 말일에 하는 것도 좋지만 그러면 밤샘 작업을 해야 해서 다음날 업무에 지장이 있습니다. 정확한 통계를 내기 위해 다음달 2일로 하는 것은 어떨까요? 팀장님 생각은 어떠십니까?" 이렇게 질문 형태로 의견을 제시하면 일방적인 공격처럼 느껴지지 않아 상대가 자연스럽게 받아들일 수 있다. 제안이나 요청을 할 때 이처럼 질문 형태로 돌려서 얘기하면 큰 트러블 없이 자신의 의견을 피력할 수 있다.

반대 의견을 피력하기 전에 긍정적인 말이나 칭찬 멘트로 시작하면 더욱 좋다. "아, 그래서 그렇게 생각하셨군요.", "저는 미처 그렇게 생각하지 못했습니다."라는 말 뒤에 의견을 질문 형태로 말하면 역시나 부드럽게 전달할 수 있다. 단, 최종 결정이 난 사항에 대해서는 결정을 존중하는 것이 맞다.

신입사원의 경우 부서 내 선배나 상사들이 일을 주는 경우가 많다. 하지만 부장, 과장, 대리 등 상사가 지시하는 일을 동시에 다 할 수는 없다. 이때 섣불리 '못한다', '안 한다'는 말을 해서는 안 된다. 요령껏, 현명하게 대처해야 한다. 예를 들어 선배나 상사가 번거롭고 귀찮은 일을 굉장히 중요한 일로 포장하여 떠넘기려 한다면 강경한 'No'를 외치기보다는 나도 할 수 있지만 이런저런 급한 일을 지금 처리해야 한다며 대체할 만한 사람을 제시하는 것이다. 그 일을 대체할 사람은 회사에 분명히 있기 마련이다. 물론 이는 부득이할 경우에만 해당하며, 나 대신 일을 하게 된 사람을 위해서라도 현재 진행하고 있는 일에 최선을 다해야 한다.

또 하나, 부서 내에 퇴사자가 발생할 경우 그 직원의 업무를 막내에게 넘기는 경우가 많다. 퇴사자의 업무를 떠안게 되었을 때는 일단 해 보되, 역부족이다 싶으면 상사에게 지금 하는 업무가 있어서 예정보다 늦어질 것 같다는 보고를 먼저 한 뒤 우선순위에 맞춰 처리하면 된다. 그래도 부담이 될 때는 상사에게 추가 업무에 대한 부담을 인지시킨다. 모든 말은 '어' 다르고 '아' 다르기 때문에 웃으며 요령껏 표현해야 상사 와의 관계에 금이 가지 않는다.

직장생활을 하다 보면 "안 됩니다.", "못합니다."라는 말을 하기가 쉽 지 않다. 특히 부하 입장에서는 더더욱 그렇다. 그렇다고 해서 너무 남 에게 맞춰서는 육체적으로는 물론 정신적으로 피로해져 스트레스가 심 해질 것이다. 무리한 요구나 원칙에 맞지 않는 일이라면 적당히 거절할 줄도 알아야 한다. 기억하라. 적절히 "No"라고 말할 줄 아는 사람이 컨 디션 관리도 잘하고 장기적으로 사회생활도 잘할 수 있다.

5장

인간관계 :
결국 사람이다

01
부장님의 진심은
무엇일까?

 # 상사 마음 파악하기

작년에 재무팀 K대리가 육아 휴직을 신청한 것이 사내 큰 이슈가 되었다. 정확히 말하면, 육아 휴직이 아닌 그 배경에 직원들의 관심이 쏠렸다. 소문에 의하면 원칙주의자 K대리의 육아 휴직은 능력은 있지만 막말 많이 하기로 유명한 P팀장과의 불화로 내린 궁여지책이었다고 한다.

문제의 발단은 지난달 퇴근 무렵 P팀장이 옆자리 J대리에게 막말을 퍼부어대는 것을 보다 못한 K대리가 P팀장에게 아무리 부하 직원이라 해도 예의를 갖춰달라고 하면서 시작되었다. 알고 보니 평소 P팀장의 반말과 하대, 무시하는 말투가 부서 팀원들에게 큰 불만이었다고 한다.

그리고 그날 그동안 참아왔던 감정이 J대리를 대하는 모습을 보며 터진 것이다. P팀장은 평소 조용하고 자신에게도 잘하던 K대리에게 그런 말을 듣고는 한동안 충격에서 헤어나오지 못했다고 한다. 결국 부서 회식이 있던 날 술이 얼큰하게 취한 P팀장이 K대리에게 섭섭한 감정을 담아 주사를 부렸고, K대리는 팀장님 주사를 받아주는 것도 이제 그만하고 싶다며 강경하게 대응했다. 결국 두 사람 사이에 언쟁이 벌어졌고, 상사와 부하 직원의 불꽃 튀는 대립은 K대리의 육아 휴직으로 어색하게 마무리되었다.

직장생활을 하면서 좋은 상사만 만난다면 더없이 좋겠지만 이 사례처럼 부하 직원의 인내심을 매일 확인하는 상사를 만나는 경우도 많다. 이런 사람들의 공통점을 살펴보면 인정받기 위해 아랫사람을 달달 볶거나 체계적이지 못한 방법으로 이 일 저 일을 시킨다. 가슴에 박히거나 상처가 되는 말은 기본이고, '라떼는 말야'라는 어울리지도 않는 유행어를 써가며 자신의 무용담을 늘어놓기도 한다.

상사와 나, 우린 숙명인 건가

직장인들에게 '상사와의 관계'는 벗어버릴 수 없는 숙명과도 같다. 회사에서 매일 만나야 하는데 얼굴조차 쳐다보기 싫은 사람이 상사인 경우도 많다. 이런 경우엔 그야말로 회사가 지옥이다. 직장에서 이런 상사로 인한 괴로움을 고스란히 받는 사람이 나라면 정말이지 하루에도 몇 번씩 퇴사 생각이 날 것이다. 이제 막 직장생활을 시작한 맷집 없는 신입사원에게는 더더욱 지옥이다. 실제로 한 취업사이트가 실시한 설문조사 결과를 보면 직장인의 70% 이상이 상사와의 갈등 때문에 이직을 심각하게 고민해 본 적이 있다고 한다. 그 스트레스를 술자리 안줏거리나 동기간 대화거리로 삼아보지만 그렇다고 스트레스가 없어지는 것은 아니다.

직장생활을 할 때 자신을 괴롭히는 못된 상사를 만날 경우 부하 직원이 취할 수 있는 가장 합리적인 대처 방법은 무엇일까. 가장 좋은 방법은 입장을 바꿔서 생각해 보는 것이다. 즉 상사의 입장에서 부하 직원인 나를 바라보는 객관화를 해 보는 것이다. 사실 부하를 괴롭히는 못된 상사 유형에 속하는 이들은 대부분 자신이 부하일 때 그의 선배나 자신의 상사에게 같은 대우를 받았을 확률이 높다. 시집살이도 당해 본사람이 시킨다는 말처럼 어쩌면 그도 그의 상사에게 고스란히 원폭을 받았던 피해자였을지 모른다. 그렇다 보니 본인이 예전에 상사에게 했던 대로 해 주기를 기대할 수밖에 없다. 자신의 말이 상대에게 상처가 되는 줄은 미처 생각지도 못한 채 말이다.

사실 상사의 말과 행동은 공격을 하려는 것이 목적이 아닌 경우가 대부분이다. 자신이 원하는 것이 있는데 그게 뜻대로 되지 않으니 그런 방식으로 표현하는 것이다. 또한 상사의 잘못된 표현은 사실은 부탁인 경우가 많다. "왜 이렇게 자주 자리를 비우냐."는 말은 사실 "내가 필요할 때 자리에 좀 있어줘."라는 부탁이고, "왜 일을 그렇게 건성으로 해?"

라는 말은 "좀 더 꼼꼼하게 신경 써 줘."라는 뜻이다. 다만 상사는 듣기 좋게 부탁할 줄 모르는 사람일 뿐이다. 그러니까 상사의 말투나 음성의 고저로 크게 상처받을 필요가 없다.

상사가 나에게 반말과 막말을 하면서까지 얻으려 하는 것이 무엇일까 생각해 본다면 조금이나마 덜 기분 나쁘고, 조금이나마 자존심이 덜 상할 수 있다. 아울러 존중 받고 싶은 상사의 마음을 조금 존중해 준다면 상사와 좀 더 가까워질 수 있을 것이다.

관계는 계단과 같아서 한 번에 좋아지기 힘들다. 상사에 대한 이해와 그가 정말 하고 싶은 내면의 말을 무시하고 액면가로만 받아들이면 상처받고 다칠 수밖에 없다. 하지만 단계를 밟아가면 내 의사를 솔직하게 표현해도 되겠다는 느낌이 오는 날이 있을 것이다. 이때 내 의견을 최대한 부드러운 어조로 말하면 된다. 한마디로 타이밍이다.

우리는 보통 상대에게 자신이 원하는 것을 표현하는 것이 상대에게 부담을 줄 것이라고 생각한다. 하지만 내가 뭘 원하는지를 표현하는 것은 상대방과의 관계를 더 좋게 만드는 윤활유다. 내가 뭘 원하는지 알면 상대방이 좀 더 편하게 나를 대할 수 있다. 여기에 상사의 말투 대신 상사의 부탁의 언어를 해석해 본다면 관계 유지에 도움이 될 것이다.

02
내가 하고 싶은 말 vs.
상대가 듣고 싶어 하는 말

↗ # 효과적인 설득

K과장이 Y본부장에게 보고를 하고 있다.

"본부장님, J프로젝트가 당초 계획보다 15프로 정도 예산이 더 들 것 같습니다."

"15프로? 공격적인 마케팅을 하려면 그 정도는 더 들지."

그러면서 Y본부장은 바로 사인을 한다.

"본부장님, 충분히 검토하시고……."

"K과장이 하는 일이니 믿어야지. 열심히 해 보게."

"감사합니다. 기대에 부응하도록 하겠습니다."

누구나 바라는 직장 상사의 전형일 것이다. 하지만 Y본부장이 모두에게 이러는 것은 아니다.

"S차장, 결재 받을 게 있다고?"

"예, 저… 추가 예산 결재가 필요합니다."

Y본부장은 이번에는 책상 위에 올려놓고 나가보라고 한다. 설명이 필요한 부분이 있다는 S차장의 말에 돌아온 대답은 차갑기만 하다.

"시간 될 때 볼 테니 그만 나가보게."

결국 S차장은 결재 승인은커녕 보고서도 제대로 보여드리지 못한 채 본부장실을 나와야 했다.

이처럼 직장인들은 여러 가지 기획안과 보고서로 수시로 상사를 설득해야 한다. 식사도 거르고 밤을 새워 작성한 보고서가 한 번에 통과되면 좋겠지만 S차장처럼 그렇지 않은 경우가 더 많다. 많은 경우 두세 번 이상 수정을 지시 받거나 귀가 멍멍할 정도로 깨지거나 기획안을 아예 반려 당하는 최악의 상황이 벌어지기도 한다.

상사는 단순한 설득의 대상이 아니다. 상호 협력을 통해 공동의 목표를 달성해야 하는 만큼 직장 상사를 설득하기 위해서는 전략이 필요하다. 'Buy-in' 즉 '마음 뺏기'다. 본부장의 신뢰를 얻은 K과장은 보고도 하기 전에 'Ok'를 끌어냈지만 S차장은 보고는커녕 말도 제대로 꺼내지 못하고 실패한 것만 보아도 보고는 고도의 전략이 필요한 과정이다.

회사에서 내 편이 있다는 것

기획서나 보고서를 통한 상사와의 소통은 직장인의 일상이다. 이러한 소통에 있어 상대방을 설득하기 위한 가장 쉬운 방법은 무엇일까. 바로 상대를 내 편으로 만드는 것이다. 그리고 상사를 내 편으로 만드는 가장 효과적인 방법은 평소 상사와 신뢰를 쌓아두는 것이다.

세상에 나와 생각이 똑같은 사람은 한 명도 없다. 따라서 아무리 좋은 상사를 만나더라도 의견 차이는 반드시 생긴다. 서로 의견을 굽히지 않는 상황에서는 대체로 상사가 이길 수밖에 없다. 의사 결정권자는 결국 상사이기 때문이다. 그러므로 상사의 자존심이나 감정을 건드리는 것은 어리석은 짓이다. 당신은 상사를 이길 수 없다. 다만 상사의 마음을 움직일 수 있을 뿐이다. 이 말은 곧 S차장처럼 보고 한 번 제대로 해보지 못하고 쫓겨나오는 상황이 생길 수 있다는 말이기도 하다. 게다가 "어디 한 번 설득해봐."라는 표정의 상사는 부하 직원을 부담스럽게 하기에 충분하다. 답정너, 그러니까 '정해진 답을 듣기 위해 끊임없이 대화 상대를 괴롭히는 사람'이 상사라면 더욱 대략난감일 것이다.

이런 답정너에 대처하는 방법은 간단하다. 그가 원하는 대답을 해주면 된다. 보통 상사와 불화를 겪는 이유는 그가 원하는 답이 아닌 내가 '하고 싶은' 답을 내놓아서인 경우가 많다. 물론 하고 싶은 답을 내놓는 게 틀렸다는 것은 아니다. 그보다는 상대가 원하는 답을 먼저 준 다음 내가 하고 싶은 답을 꺼내는 게 적절하다는 의미다. 사실 상사는 보고를 받을 때 원하는 답을 이미 정해 놓고 있을 확률이 크다. 상사가 원하는 답을 먼저 말하고 내 의견을 말해도 늦지 않다. 그러면서 어려움이 있더라도 해나갈 것임을 강하게 어필하는 것이 좋다.

보고를 하거나 상사를 설득할 때 좋은 또 하나의 방법은 상사의 공을 드러내주는 것이다. 상사의 능력이나 멘트에 대해 미처 체크하거나 인지하지 못했음을 인정하고 부족한 부분을 채워주셔서 감사하다는 정도면 된다.

칭찬 싫어하는 사람은 없다. 상사가 회사를 위해, 조직을 위해 열심히 노력하고 있다는 점, 그리고 당신보다 경험이 많고 안목이 높다는 점을 알아준다는 것은 상사에게도 기쁨이다. 상사들은 어쩌면 당신보다 더 칭찬에 굶주려 있는지도 모른다. 적당한 아부는 괜찮다는 것을 명심하라.

03
함께 일하고 싶은 사람은 누구인가

 # 탐나는 인재

회사 총무팀장과 인사팀장 사이에 무슨 일이 생겼는지 분위기가 심상찮다. 알아보니 조직 개편과 관련하여 사원급 팀원 한 명 때문에 갈등이 벌어진 모양이다. 인턴 때부터 싹싹하기로 소문난 'A사원 쟁탈전'으로 불리는 두 팀장 간의 의견 대립은 며칠에 걸쳐 두 팀 간의 각을 세우게 만들었다. 각 팀 담당 본부장이 나서서 사건은 겨우 정리됐지만, A를 잃은 총무팀장은 그날 이후로 인사팀장과 한동안 견원지간처럼 지냈다.

타 부서 신입사원들의 부러움과 질투를 한 몸에 받은 A. 두 팀장이 서로 데려가려고 각을 세운 그녀만의 특별함은 무엇이었을까? 또 팀장들이 팀원으로 삼고 싶고, 함께 일하고 싶은 사람은 과연 어떤 유형일까?

회사에서 직원을 채용할 때 최종적으로 검토하는 한 가지는 '과연 이 사람이 우리 회사에 적합한 사람이고, 함께 일하고 싶은 사람인가?'라고 한다. 뛰어난 스펙과 탁월한 업무 능력마저 초월하는 이 조건이 중요한 이유는, 회사라는 곳은 여러 사람이 모여 함께 성과를 만들어내는 곳이기 때문이다. 즉 실력이 다소 부족한 사람일지라도 윈윈win-win이 가능한 사람이라면 함께할 수 있겠지만 동료들과 화합할 수 없는 사람이라면 탈락이나 고려의 대상이 된다. 아리스토텔레스는 일찍이 '인간은 사회적 동물'이라고 했다. '직장인은 사회적 직원이 되어야 한다'는 말이다.

비타민 氏 같은 직원 되는 법

최근 많은 회사들이 핵심 인재를 중심으로 경영 전략을 펼치고 비전과 미래를 설계하고 있다. 그렇다면 과연 회사 내 1%에 해당하는 핵심 인재란 어떤 사람이고, 핵심 인재가 되려면 어떻게 해야 할까?

대부분의 신입사원들은 자신이 똑똑해서 채용된 줄 안다. 하지만 회사는 직원이 똑똑한 척하는 것을 원치 않는다. 회사가 신입사원에게 바라는 첫 번째 조건은 '함께 일할 수 있는 사람'이다. 일보다 사람 때문에 더 지치고 힘든 날이 많은 것만 보아도 이유를 알 수 있을 것이다.

직장에서 빠른 승진을 하고 인정받으려면 화려한 스펙과 빠른 두뇌가 필요하다고 생각할 수 있다. 하지만 그것이 전부가 아니다. 여러 사례를 종합해 볼 때 오랜 시간 근속하고 승승장구하는 사람들의 공통점은 인맥 관리 능력과 커뮤니케이션이 뛰어나다는 데 있다. 즉 그들은 함께하는 조직원의 마음을 읽을 줄 안다. 이른바 '소통'과 '공감'의 달인이다.

또한 회사는 2차 집단적 성격이 강한 만큼 '상호성의 법칙'이 크게 작용하는 곳이다. 서로 협력해야 더 좋은 성과를 창출할 수 있기 때문에 서로 도움을 주고받을 수 있는 사람이 핵심 인재의 중요한 조건이 될 수밖에 없다. 예의는 말할 것도 없다. 일상의 모습은 물론이고 전화 매너나 메일 하나를 보내는 사소한 일에서조차 상대방에 대한 예의와 배려가 서로의 소통에 영향을 미친다. 상대방의 마음을 얻는 것은 곧 일을 수월하게 할 수 있다는 것을 의미하기 때문이다.

그렇다, 직장에서 핵심 인재로 성장하기 위해서는 우선 상사나 동료들의 신뢰를 받아야 한다. 함께 일하고 싶은 사람이 된다는 것은 상대방을 배려하고, 소통과 공감 능력이 있으며, 성실과 자신감을 갖췄을 때 시작된다.

주변 사람들이 당신의 이름을 들었을 때 어떤 이미지를 떠올리기를 바라는가. 상사나 동료가 당신의 이름을 들었을 때 가장 먼저 떠올리는 모습이 바로 그 사람의 브랜드 가치다. 관계를 원활히 하기 위해서는 소통과 공감이 우선되어야 하고, 그러한 소통은 상대와 적대적인 관계에서는 불가능하다. 사람들과의 원만한 관계를 만들기 위해서는 동료나 선배를 멘토로 생각해야 한다. 어떤 사람에게든 배울 점은 분명히 있다. 상대의 장점을 찾아 배우고, 그 노하우를 스스로에게 적용하면서 나의 발전과 성장의 원동력으로 생각하라.

상사를 고객이라고 생각하는 것도 좋은 방법이다. 고객의 니즈를 파악하는 것이 고객 만족의 첫 번째 조건인 것처럼 상사가 원하는 것이 무엇인지를 파악해 보면 직장생활이 마냥 힘들지만은 않을 것이다. 예를 들어 보고를 할 때 상사가 결과를 중시하는 스타일인지 과정을 중시하는 스타일인지만 파악해도 보고 시 성공률을 높일 수 있다.

함께 일하고 싶은 사람은 또한 상대를 발전시켜 준다. 누구든 자신의 진가를 알고 끌어주는 사람과 함께 일하고 싶어 한다. 이것이 꼭 상사에게만 해당하는 것은 아니다. 상사도 자신을 뒷담화의 소재거리로 대하는 부하보다는 고객으로 대해 주는 부하와 함께 일하고 싶을 것이다. 자신을 끝까지 믿고 따라주는 부하를 위해 더 좋은 상사가 되려고 노력할 것이며, 또한 그 부하를 놓치지 않기 위해 상생하는 방법을 찾을 것이다. 언성을 높여서라도 데려오고 싶은 사원은 남의 얘기가 아니다. 이처럼 동료를 멘토로 생각하고, 상사를 고객으로 생각한다면 일을 잘하고 못하고를 떠나 모든 사람이 함께 일하고 싶은 사람, 부하 직원으로 삼고 싶은 사원이 될 것이다.

04
눈치 빠른 신입은
가르치기 전에 배운다

 # 계륵과 인재 사이

내가 전에 모셨던 상사는 성미가 꽤 급하고 깐깐한 분이었다. 만약 A실장을 찾았다면 그가 노크를 하고 들어가기 전까지 최소 두 번 정도는 독촉 전화를 한다. 업무 지시를 하고는 10분이 채 지나지 않아 다 됐냐고 물어보시니 일단 지시가 떨어지면 신속하게 처리해야 함은 물론이고, 꼼꼼하게 점검하시니 정확하게 하지 않으면 안 되었다. 그런데 그분뿐만 아니라 성공한 사람들 중에는 성미가 급하고 깐깐한 경우가 많다. 특히 업무에 대해 잘 알고 있거나 경험이 많은 높은 직급의 상사일수록 부하 직원의 업무 처리 속도와 업무 완성도에 대한 기대치가 높다.

고대 중국의 정치가 관중은 "일은 생각함으로써 생기고 노력함으로써 이루어진다."라고 했다. 이처럼 자신의 일에 의미를 부여하고 일을 찾아서 하는 사람은 상사뿐 아니라 누구에게나 인정받을 수밖에 없다. 생각해 보라. 자신에게 주어진 일을 마지못해 하는 사람과 찾아서 하는 사람 중 어떤 사람이 스스로에 대한 만족도가 더 높을까? 일에 의미를 부여하고 찾아서 하는 사람이 그렇지 않은 사람에 비해 바쁘고 힘들 수는 있겠지만 그렇게 함으로써 얻을 수 있는 결과치와 성과는 훨씬 좋을 것이다. 자신만이 느낄 수 있는 보람과 심리적·정신적 보상도 더 클 것이다. 눈에 보이지는 않지만 실력이 일취월장하는 것은 말할 필요도 없다.

프로는 불을 피우고 아마추어는 불을 쬔다

내가 비서 교육을 할 때 자주 인용하는 표현이 있다.

"상사가 당신에게 인삼을 캐오라고 했는데 도라지를 캐오면 당신은 해고, 인삼을 캐오면 당신은 비서, 산삼을 캐오면 당신은 뛰어난 비서."

그런 다음 잠시 쉬었다가 덧붙인다.

"인삼을 캐오라고 했는데 도라지와 인삼, 산삼을 캐 와서 필요에 따라 선택할 수 있게 하면 당신은 전략비서."

이 말은 단지 비서에만 국한된 표현은 아니다. 지시를 내리고 지시를 받는 사람간의 커뮤니케이션을 바탕으로 여러 가지 경우의 수를 생각해내고 어떤 것이 가장 이상적인지를 고민해 최상의 방법을 찾는 것이 직장인이 할 일이다.

물론 신입사원은 선배들에 비해 아직 비중 있는 업무를 할 수 있는 위치가 아닐 것이다. 신입사원에 대한 상사의 기대치도 경력 사원과 같지는 않은 것이 사실이다. 하지만 신입사원이라고 해서 몇 년이 지나도 계속 신입사원으로만 있는 것은 아니다. 지금은 상사나 선배의 지시를 받아 업무를 처리하는 단순하고 간단한 일을 하고 있지만 연차가 올라가고 경력이 쌓이면 신입사원도 선배가 되고, 상사가 되기 마련이다. 그 상황에서 그에 맞는 역할을 감당하기 위해서는 신입사원 때부터 적극적인 자세로 업무에 임할 필요가 있다. 프로는 불을 피우고, 아마추어는 불을 쬔다는 말을 기억하라.

성장하려면 지루한 시간을 견뎌야 한다. 신입사원은 배우고 적응하는 시간이기 때문에 업무에 있어 실질적인 업무량은 많지 않다. 똑같은 일을 지시 받아 하더라도 효과적으로 하는 방법을 찾고 최고의 결과를 창출해 낼 수 있는 방법을 고민하는 자세가 필요하다.

요즘 기업에서는 단순히 시키는 일만 하는 로봇 같은 직원보다는 적극적인 자세로 소통하고 협력하며 창의적인 아이디어를 낼 수 있는 인재를 원한다. 처음부터 시키는 일만 겨우 해내는 역할에 익숙해져서는 자발적이고 창의적으로 업무를 수행하는 직원이 될 수 없다. 더구나 선배나 상사가 시키는 일 앞에서 투덜대는 상황이라면 더욱 할 말이 없다. 작은 일이라도 효율적으로 해내고자 하는 열정, 스스로 찾아서 하는 적극성, 주어진 업무를 남들과 다르게 더 멋지게 해내려는 의지가 결국 경쟁력이 된다. 그리고 그런 직원을 마다할 선배나 상사는 결코 없다. 일을 가르치기 전에 배우려는 신입, 똑같은 업무도 좀 더 잘해 보려 방법을 찾는 신입을 마다할 이유가 없지 않겠는가. 다른 팀에 주기는 아깝고 우리 팀에서 함께 일하기에는 아쉬운 계륵 같은 직원이 되고 싶은가, 어디에서나 돋보이는 꼭 필요한 인재가 되고 싶은가?

05
You Raise Me Up

 # 진정한 라이벌

    입사 동기인 K와 J는 음식 취향과 성격이 비슷해 입사 초기부터 죽이 잘 맞았다. 회사에서뿐만 아니라 퇴근 후에 저녁 식사도 자주 같이 하고 쇼핑도 함께 다닐 만큼 친했다. 특히 누가 하나 상사에게 깨지고 난 날은 서로에게 위로가 되어 주었고, 상사 흉을 볼 때는 전우처럼 든든했다. 특히 신입사원에게 호되기로 유명한 해외사업팀의 L차장 얘기가 나오면 쿵짝이 맞아 각자 예전에 자신이 L차장에게 당한 얘기를 하며 다짐까지 하던 사이다.

    그러던 중 K가 해외 프랜차이즈 관련 프로젝트에 L차장과 한 팀이 되었다. L차장 뒷담화에 열을 올리곤 하던 K는 어느날부터인가 프로젝트를 함께하는 L차장과 친해져 점심도 같이 먹으러 다니고, 휴게실에서 신나게 웃고 떠드는 장면이 자주 목격되었다. 물론 K가 프로젝트 업무로 바빠진 뒤로 J와는 다소 소원해진 것이 사실이다.

프로젝트가 끝나고 L차장이 맡은 다음 프로젝트는 마침 J가 예전부터 꼭 해보고 싶어 했던 업무였다. K는 이번에도 프로젝트에 합류하겠다고 L차장에게 강하게 어필했다. 업무 연관성이나 전공 지식, 경력으로 보면 J가 K보다 훨씬 적합했지만 L차장은 J가 아닌 K를 선택했다. J는 자신이 꼭 해보고 싶었던 프로젝트 업무 기회를 K에게 뺏겼다는 생각에 무척 억울했다. 상사에게 자신을 어필할 기회를 놓치지 않은 K의 유능함을 비난하고 싶지는 않았지만 자신과 함께 L차장을 흉보던 K를 생각하니 얄밉다는 생각이 들었다.

서로 윈윈해야 진정한 라이벌

이처럼 많은 사람이 자신의 역량을 발휘하는 기업에서는 동료나 동기가 하루아침에 경쟁자가 되거나 서로 비교 당하는 경우가 종종 생긴다. 회사는 성과를 내고 이윤을 추구해야 하는 곳이니 어쩔 수 없다. 직장인들은 라이벌을 '겉으로만 상생하고 안으로는 경계하는 관계'라고 정의한다. 피곤하고 스트레스를 주는 존재라고 여기는 것이다. 하지만 직장 내 '라이벌'이라는 주제로 설문조사를 한 결과 직장인의 절반 이상이 사내 라이벌이 '필요하다'고 답했다.

게임으로 자동차 경주를 해 본 사람이라면 알겠지만 혼자 달리는 것보다 경쟁자와 함께 달릴 때 속도가 더 빨라지고 성적도 더 좋게 나온다. 사실 라이벌은 스트레스를 주는 존재이기도 하지만 한편으론 긴장을 늦출 수 없게 하고 업무적인 시너지를 내는 데 도움을 주는 존재다. 벤치마킹 할 수 있는 대상이기도 하고, 경쟁 심리 덕분에 업무 실적이 향상되게 해주는 사람도 라이벌이다.

라이벌이라고 해서 서로에게 자극을 주는 사이만 있는 것이 아니다. 나보다 여러 면에서 우월하여 가르침을 주는 멘토형 라이벌도 있다. 또 꼭 동기나 선배가 라이벌이 되라는 법은 없다. 배울 만한 점이 있다면 후배도 기꺼이 라이벌이 될 수 있다. 이렇듯 본받을 만한 점을 갖춘 누군가를 라이벌로 여겨 벤치마킹하고 배우는 것은 나쁘지 않다. 그 사람이 보여주는 모든 행동이 자극이 되어 결과적으로 나의 성장을 이끌어주는 '성장 촉진제'가 될 수 있기 때문이다. 고대 그리스의 시인 아리스토파네스도 현명한 자는 적으로부터 많은 것을 배운다고 했다.

지금보다 더 발전하고 싶다면 자신보다 뛰어난 사람을 라이벌로 삼아라. 나를 뜨겁게 할 수 있는 사람, 나의 열정과 활력에 자극을 주는 사람, 나를 긴장시키고 노력하게 만드는 사람, 그 사람이 바로 당신을 성장시켜 줄 테니 말이다.

라이벌 때문에 힘들다는 생각이 드는가? 기억하라. 당신을 단상 위에 올리고 상을 받게 하는 것은 친구가 아닌 라이벌이다.

06
이왕이면 친척?
이왕이면 학교 후배?
이왕이면 아는 사람?

인맥 쌓기

M팀장은 CEO의 고등학교 후배로 CEO가 M팀장의 스펙과 능력을 믿고 외부에서 영입한 사람이다. CEO와 학연·지연 관계였던 M팀장은 입사 후 주목을 받아서인지, 믿는 구석이 있어서인지 다소 안하무인 스타일이었다. 하지만 대표의 신임이 두터워 누구 하나 그에게 함부로 하지 못했다. 예상대로 그의 권력은 그리 오래 가지 못했다. 그의 선배이자 전문경영인이었던 CEO가 회사를 그만두면서 M팀장은 '이빨 빠진 호랑이'가 되고 만 것이다. 평소 타 부서 팀장들은 물론 임원들까지 우습게 알던 M팀장이 인맥 관리를 면밀하게 했을 리가 없었다. 결국 CEO의 퇴진과 더불어 그의 황금기도 끝났고, 얼마 지나지 않아 그

역시 회사를 그만두었다. 들은 바로는 타 회사로의 입사가 쉽지 않아 현재는 친척이 운영하는 작은 사무실에 나간다는 후문이다.

사회생활을 하면서 참으로 부럽고 아쉬운 것이 바로 혈연·학연·지연이다. 일 하나 완성하려면 이리 뛰고 저리 뛰고 힘든 과정을 거쳐야 하는데, 어떤 사람은 전화 한 통, 메시지 하나만으로 일을 뚝딱 성사시키는 경우가 있다. 회사는 대체로 시스템에 의해 움직이지만 그 시스템을 운용하는 것은 사람이다. 아무리 시스템화 되어 있다 해도 그것을 운용하는 사람에 따라 달라질 수 있기 때문에 휴먼 네트워크가 필요하다. 누군가가 부탁을 해 왔을 때 이왕이면 친척, 이왕이면 학교 후배, 이왕이면 지역 사람, 이왕이면 통하는 사람을 챙기는 건 인지상정 아닌가. 회사 업무 시 나는 급해서 요청하지만 상대방은 자신이 급한 것이 아니니 늑장을 부려도 어쩔 수 없다. 하지만 인맥관리를 잘해 온 사람은 주변의 인적 네트워크를 활용해 좀 더 수월하게 업무를 진행시키는 경우를 흔히 볼 수 있다.

황금인맥은 장기 투자

어떤 자산보다 유용한 자산인 인적 네트워크, 하지만 이러한 황금 인맥은 만드는 것보다 유지하는 것이 더 어렵다. 미국의 전설적인 자동차 판매왕으로 기네스북에 오른 조 지라드는 한 사람의 인간관계 범위를 대략 250명으로 보았다. 한 사람의 고객을 감동시키면 이 사람이 관계를 맺고 있는 250명에게 홍보를 할 수 있다는 것이다. 조 지라드처럼 한 사람을 250명처럼 생각하는 것은 쉽지 않지만 한 사람을 통해 2~3명만 감동시켜도 인맥 형성은 성공적이다. 그 인맥 형성의 비결은 결국 기본에 충실하고 정성을 들이는 것이다.

기본에 충실하기 위해서는 우선 인사를 잘해야 한다. 물론 인사치레도 잘해야 한다. 가장 쉬운 방법은, 이름이나 그 사람에 대한 사소한 것을 기억했다가 다음에 만날 때 기억해 주는 것이다. 그 사람의 대소사에 참석하는 것도 마찬가지다. 쉽게 말해 상대에게 빚을 지게 하는 전략이다.

하지만 개인적인 욕심을 채우기 위해 사내정치를 하는 것은 바람직하지 않다. 특히 박쥐처럼 여기 붙었다 저기 붙었다 하는 사람은 인맥 형성에 최악의 스타일이다. 인맥을 위해 가장 먼저 점검해야 할 부분은 상사와의 관계다. 좋든 싫든 상사와의 관계는 잘 유지해야 한다. 상사와 견고한 신뢰관계가 형성되면 여러 모로 좋은 점이 많은 것이 사실이다. 우선 일이 수월해지는 것은 기본이고, 내 인맥을 형성하는 데 조력자가 되어 주기 때문이다.

그 다음은 동기다. 동기나 한두 해 선후배는 라이벌인 동시에 조력자다. 고과나 승진 등을 비교할 때는 라이벌이지만 관계를 원만하게 잘 유지하면 내가 필요로 할 때 언제든 조력자 역할을 해 준다. 이렇게 동기와의 인맥 형성은 가능한 한 초기에 하는 것이 좋다. 승진 경쟁이 비교적 덜 심할 때 가까워지기가 쉽기 때문이다. 이렇게 형성된 동기와의 우정은 당신이 사내 인맥을 형성하는 데 여러 도움을 줄 것이다.

　사내 인맥뿐만 아니라 외부 인맥도 업무와 성장에 큰 영향을 미치므로 주변 사람 관리에 정성을 들여야 한다. 내가 정성을 들인 그가 언젠가는 직간접적으로 나를 도와줄 사람임을 잊지 말자. 혈연·지연·학연이 약하다고 상심하지 마라. 당신만의 인맥 관리 노하우로 황금 인맥 지도를 만들면 된다. 이러한 인맥은 회사를 다닐 때는 든든한 조력자로, 이직 시 평판 조회 때는 아름다운 뒤태로 구현될 것이다. 제대로 된 인맥은 앞에서 만들어지는 것이 아니라 뒤에서 형성된다. 앞에서만 잘해서는 안 된다는 것을 명심하라.

07
자신감의 다른 이름,
친절

 # 친절한 사람

　한때 '호사분면'이라는 제목의 사진 한 장이 온라인에서 화제를 모은 적이 있다. 해당 사진에는 직장인을 '친절한 정도'와 '업무 능력'의 2가지 기준에 따라 '호' 자를 넣어 상하좌우 크게 4가지 유형으로 분류해 놓고 있었다. '친절함'과 '일 잘함'을 동시에 갖춘 사람은 '호인'이다. 친절하지만 일을 못하는 사람은 '호구'다. 일은 잘하지만 성격이 좋지 않은 사람은 '호랭이(호랑이)'이며, 성격도 좋지 않고 일도 못하는 최악의 동료는 '호로XX'로 정의됐다.

　이 사진을 접한 네티즌들은 "이름도 웃기지만 다 들어맞는 것도 웃기다.", "일도 못하고 성격도 좋지 않은 동료는 최악이니 차라리 호구로

살겠다.", "자신은 모르고 남들은 다 아는 정확한 마법"이라는 등 다양한 반응을 보였다. 업무 능력만큼이나 '친절'이 직장인에게 중요한 척도임을 입증해 주는 내용이었다.

그도 그럴 것이 이젠 '친절'이라는 단어를 쉽게 접할 수 있다. 친절은 대하는 태도가 정겹고 고분고분한 상태를 말한다. 굳이 서비스업이나 상담직, 안내데스크 업무를 보는 사람이 아니더라도 친절은 직장생활의 기본이다. 그래서인지 요즘에는 관공서와 공기업은 물론 일반 기업에서도 직무 교육만큼이나 '친절 교육'에 힘을 쏟고 있다. 실제로 한 기사에 따르면 직장인 3명 중 2명이 자신을 '감정 노동자'로 인식하는 것으로 나타났다. 영업이나 상담 직무에 종사하는 경우는 83%, 일반 사무직 종사자, 경영/마케팅 분야 67%, IT 및 디자인 분야 53%에 이를 만큼 많은 직장인들이 자신을 감정노동자로 여기는 것이다. 그중에서도 근무 중 실제로 느끼는 감정과 다르게 친절해야 하는 상황 때문에 곤란을 겪은 적이 있다는 직장인이 51%가 넘는 것으로 나타나 직장생활에서 실제로 느끼는 친절 척도는 훨씬 높다는 것을 알 수 있다.

아름다운 입술을 갖고 싶다면 친절한 말을 하라

대부분의 사람들은 친절한 사람이 좋다고 말한다. 하지만 '당신은 친절합니까?'라는 질문에는 선뜻 대답하지 못하는 사람들이 많다. 친절을 살 수 있다면 과연 얼마에 살 수 있을까?

우리는 친절한 사람을 보면 덩달아 생각이 밝아지고 마음이 따뜻해지며 저절로 입가에 미소가 지어진다. 친절은 인간관계를 부드럽게 하는 윤활유이자 대인관계를 돈독하게 하는 특효약과 같다. 요즘은 꼭 백화점이나 호텔이 아니더라도 어디를 가든 친절한 사람들을 많이 볼 수 있다. 그만큼 사람들이 친절을 원하고 있다는 반증이기도 할 것이다. 하지만 친절은 어쩌다 하루 연습한다고 해서 나오는 태도가 아니다. 친절은 결코 저절로 생기지 않으며, 훈련하고 연습해야 하는 후천적 특성이 강하다고 한다.

"이 세상을 아름답게 하고, 모든 비난을 해결하고, 얽힌 것을 풀어 헤치며, 어려운 일을 수월하게 만들고, 암담한 것을 즐거움으로 바꾸는 것이 있다면, 그것은 바로 친절이다."

러시아의 대문호 톨스토이의 말이다. 플라톤 또한 "다른 사람에게 친절하고 관대한 것이 자기 마음의 평화를 유지하는 길이다. 남을 행복하게 할 수 있는 사람만이 행복을 얻을 수 있다."라는 말로 친절의 중요성을 표현했다. "직장 동료든 고객이든 당신이 베푼 친절한 행동과 마음은 반드시 되돌아오며, 때로는 이자까지 붙어 되돌아온다."는 애덤스미스의 말은 친절의 보이지 않는 가치를 일깨워준다.

누군가는 친절이 자신감의 다른 이름이라고 했다. 자신이 얼마나 괜찮고 멋진 사람인지를 고차원적으로 표현하는 고도의 기술이라는 의미다. 상대방을 배려하는 마음, 이해하는 마음, 따뜻한 마음을 느끼게 하는 기술이야말로 사람이 지닌 모든 기술 중 가장 훌륭하고 가치가 빛나는 기술인데, 그것이 바로 친절이라는 논리다.

"아름다운 입술을 갖고 싶다면 친절한 말을 하라."

영화와 패션의 아이콘으로 불리다 은퇴 후 유니세프의 홍보대사로 활동하면서 아름다운 말년을 장식했던 오드리 햅번의 명언이다. 당신이 친절한 사람이 된다면 당신에 대한 평판이 좋아질 것이고, 그렇게 올라간 평판은 결국 당신을 성공으로 이끌어줄 것이다.

08
스트레스라고 생각하면 스트레스

몸에 나쁜 음식은 가급적 피하고 비교적 규칙적인 생활을 하는 나는 평소 어디가 심하게 아프거나 크게 다친 적이 없는지라 병원 신세를 진 기억이 거의 없다. 그런데 작년 가을 갑자기 찾아온 복부 통증으로 난생처음 구급차에 실려 응급실을 가게 됐다. 응급실에는 나 같은 복통 환자는 환자라고 하기도 미안할 만큼 응급 환자들이 줄을 이었고, 나는 진통제 링거 하나를 꽂고 그저 누워 있을 수밖에 없었다. 30여 분을 가만히 누워 있으니 서서히 통증이 사라져 의사를 만날 필요도 없이 언제 아팠냐는 듯 두 발로 멀쩡히 집으로 돌아왔다.

하지만 그 이후에도 두세 번 정도 더 응급실 신세를 지게 되었고 혹시나 하는 마음에 건강 검진을 받았다. 결과를 상담하는데 의사가 최근에 스트레스를 받는 일이 있었느냐고 물었다. 내시경 몇 십 년을 해왔지만 위와 장이 이렇게 깨끗한 사람은 처음 본다는 말과 함께 요즘 신경쓰는 일이 많으냐고 했다. 그러고 보니 당시 회사의 중요한 큰 행사 총괄을 맡아 매우 바빴고, 신경도 매우 예민해져 있었다. 긍정적인 성격이라 인식하지 못했지만 내 몸은 스트레스를 받고 있었고, 결국 극심한 통증으로 스트레스가 발현된 것이다.

일시적인 증상으로 끝나 다행이었지만 만일 직장에서의 업무와 인간관계로 인한 스트레스가 장기간 지속되는 경우라면 건강과 삶의 질에 엄청난 영향을 미칠 수 있다. 스트레스로 인한 탈모나 당뇨, 고혈압 같은 생활습관병이 예전에는 40~50대 남성 직장인에게 주로 나타났다면 최근에는 20~30대 젊은 직원들에게서도 나타나고 있다. 스트레스로 인한 위험이 연령과 직급에 상관없이 올 수 있다는 의미다.

스트레스 관리도 능력이다

대부분의 직장인들은 '스트레스'라는 단어를 입에 달고 산다. 그럴 만도 한 것이 직장인이 회사에서 겪는 스트레스는 상당하다. 스트레스로 인한 질병이 산업 재해로 인정받을 정도다. 실제로 2013년부터 업무와 연관된 스트레스로 인한 '외상 후 스트레스장애'도 산업 재해에 포함되었다. 그만큼 사회적으로도 직장인의 스트레스 문제를 심각하게 생각하고 있다는 의미일 것이다. 이런 스트레스를 제대로 관리하지 못하면 업무 집중력 저하는 물론 각종 질병에 노출될 수 있다.

신입사원의 경우 익숙하지 않은 업무를 신속히 처리해야 함은 물론 상사와 선배의 눈치까지 봐야 하니 더 스트레스가 클 것이다. 그렇다면 어떻게 해야 직장에서의 스트레스를 줄이고 업무적으로도 잘 적응할 수 있을까? 스트레스라는 것을 아예 받지 않을 수는 없으니 스트레스가 질환으로 이어지지 않고 순기능을 할 수 있도록 스트레스 관리를 할 필요가 있다.

먼저 전문가들은 스트레스를 관리하기 위해서는 '예측 가능성'과 '조절 가능성'을 높여야 한다고 조언한다. 미래가 예측 가능하고 자신이 최대한 조절할 수 있다는 느낌을 갖는 것이 스트레스 수준을 낮추는 데 핵심적인 역할을 한다는 것이다. 내 주변 상황을 내가 장악할 수 있다고 느낄수록 스트레스는 줄어들고 심리적·신체적 안정감이 커진다는 말이다. 물론 신입사원들은 직장 내에서 마음대로 할 수 있는 일보다는 상사나 선배의 지시에 의한 일을 하는 경우가 대부분이다. 그럼에도 불구하고 자신에게 주어진 업무를 처리하는 방법에서 또는 다른 영역에서 조절 가능성과 예측 가능성을 높일 수 있는 방법은 있다.

예를 들어 주어진 업무를 이행할 때 투 두 리스트To Do List 등을 활용하여 하루의 업무 스케줄을 미리 짜 놓고 가능한 그에 맞춰 진행하다가 혹여 변동 사항이 생기면 조정해 가는 식이다. 긴 시간이 필요한 프로젝트 역시 스스로 기간별 목표를 설정하고 그에 맞춰 진행할 수 있도록 타임테이블을 활용하면 좋다. 그러기 위해서는 우선 자신의 업무 영역에 대해 어느 정도 확신을 갖고 있어야 한다. 지금 하는 일에 대해 자신의 업무 역량이 어느 정도이고, 필요한 경우 어디에서 누구에게 도움을 받을 수 있으며, 어느 정도의 시간 안에 그 일을 해낼 수 있는지 등을 파악하고 있다면 무력감이나 피동적 업무로 인한 피로도를 훨씬 줄일 수 있다.

《서른다섯 지금 하지 않으면 반드시 후회하는 87가지》의 저자 오모이 도오루는 스트레스를 전혀 받지 않는다고 한다. 어떻게 그럴 수 있느냐는 물음에 그는 "누군가가 당신에게 말하기 전에, 시키기 전에, 당신 스스로 먼저 움직여 적극적으로 일에 임하라."라고 대답했다. 누군가에게 억압받는다거나 지시받는 느낌이 없으면 스트레스를 줄일 수 있다는 것이다. 신입사원이 받는 스트레스의 원인은 대부분 상사나 선배의 지시를 억지로 이행하는 과정에서 오는 경우가 많다. 자발적이고 주도적으로 수행한다는 마음가짐만으로도 스트레스를 줄일 수 있음을 명심하라. 이에 더하여 매운 음식을 먹는다거나 큰소리로 음악을 틀어놓고 듣는 것처럼 당신만의 스트레스 해소법 하나쯤은 갖고 있을 필요가 있다.

6장

자기계발 :
나는 매일 조금씩 나아간다

01
나는 습관을 아주 조금 바꾸기로 했다

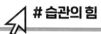

습관의 힘

내 옆자리 직원은 아침에 눈떠서 가장 먼저 하는 일이 물을 한 잔 마시는 일이라고 한다. 언제부터인지 모르지만 잠이 부족해 눈이 안 떠져도 물 마시는 일은 잊은 적이 없단다. 총무팀 C부장의 경우에는 출근해서 가장 먼저 자신의 책상을 닦는 일로 하루를 시작한다. 책상을 닦는 행위가 하루를 잘 시작하겠다는 의식처럼 여겨진다는 것이다. 그래서인지 C부장의 책상은 항상 깨끗하다.

나는 아주 피곤한 날이 아닌 이상 알람이 울리기 전에 잠에서 깬다. 늘 같은 시간에 눈이 떠지기 때문에 주말에는 늦잠을 자야지 마음먹어도 평소 일어나는 시간이 되면 저절로 눈이 떠진다. 또 아무리 바빠도 자기 전에 탁자에 앉아 잠깐이라도 책을 펴든다. 꼭 그 책을 읽어야겠다는 의지라기보다는 책을 펼치는 것이 습관이 된지라 일단 책을 편다.

'성격이 운명'이라고 말하는 사람도 있고, '습관이 운명'이라고 생각하는 사람도 있다. 성격이 유전과 타고난 기질에 의한 힘이라면 습관은 자라온 환경과 양육 방법에 의한 힘이라고 할 수 있다.

사람은 고쳐 쓰는게 아니라는 말이 있을 만큼 성격은 쉽게 바뀌지 않는다. 하지만 습관은 노력에 의해 얼마든지 고칠 수 있고 배울 수도 있다. 사실 성격은 '습관덩어리의 재현'이라고 해도 과언이 아니다.

우리는 살면서 수많은 습관을 몸에 지니게 된다. 심지어 우리가 매일 행하는 행동의 약 40%는 의사결정의 결과가 아닌 습관 때문이라고 한다. 통념과 달리 습관이 기억이나 이성적 판단과 더불어 우리 행동의 근원이 되는 것이다.

습관을 바꾸지 않으면 인생이 바뀌지 않는다

찰스 두히그는 《습관의 힘》에서 치약이나 샴푸, 세제의 거품은 사실 세정력과 별 상관이 없다고 했다. 거품은 실제 거품이 나야 깨끗한 느낌이 들도록 우리를 길들이는 목적으로 쓰였고, 그런 습관이 양치를 하게 하고, 샴푸를 하게 했다는 것이다. 그러면서 두히그는 자동차를 운전하고, 휴대폰을 들여다보고, 이메일을 체크하고, 커피를 마시는 것과 같은 일상적인 행위들이 우리가 의식적으로 선택하는 행동이 아닌 습관의 산물이라고 했다. 처음에는 의식적으로 결정했던 일들을 계속 반복하는 과정에서 의식적인 선택 자체를 중단하고 거의 모든 행동을 습관적으로 하게 되었다는 것이다.

기억은 사라져도 습관은 남는다고 한다. 이런 현상은 신경학의 자연스러운 결과로, 습관이 어떻게 형성되는지 파악하면 어떤 방향으로든 행동 패턴을 바꿀 수 있을 것이다.

우리는 직장생활을 흔히 '다람쥐 쳇바퀴 도는 것'에 비유한다. 대부분의 직장인들이 그렇듯 거의 매일 비슷한 생활을 하고 있다. 하지만 우리가 어떤 방향으로 습관을 들이느냐에 따라 10년 뒤, 20년 뒤 엄청난 차이로 나타난다. 그러므로 인생을 바꾸고 싶다면 내가 원하는 방향으로 습관을 바꾸는 것이 가장 효과적이다.

제임스 클리어는 《아주 작은 습관의 힘》에서 습관 하나로 인생을 변화시킬 수 있는 노하우를 제시한다. 하지만 그 전에 4가지 법칙을 지켜야 한다. 결심이 분명해야 하고(제1법칙), 매력적이어야 하며(제2법칙), 쉬워야 하고(제3법칙), 만족스러워야 한다(제4법칙). 이 4가지 법칙이 바탕 되어야만 변화를 이끌 수 있다. 이렇듯 사소하고 별것 아닌 일이라도 몇 년 동안 꾸준히 해나가면 놀랄 만한 결과가 나타난다.

《서경》에 '습여성성習與性成'이라는 표현이 나온다. 습관이 쌓이면 마침내 그 사람의 성질이 된다는 의미다. 아침 일찍 출근하고 부지런한 습관이 쌓이면 부지런한 사람이 되는 것이고, 남을 돕는 일을 반복하면 베푸는 사람이 되는 것이며, 친절한 태도를 반복하면 친절한 사람으로 불릴 것이다. 이렇듯 처음 직장생활을 할 때의 마음으로 매일을 살다 보면 어느새 그것이 습관이 되고, 어렵게 느껴지던 일도 나중에는 아무런 불편없이 능숙하게 해낼 수 있게 된다. 좋은 습관으로 자신이 되고자 하는 모습의 천성을 만드는 것은 결국 내일의 나를 위한 보험이 아닐까?

02
성실한 사람은
융통성이 없다?

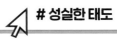

　　회사의 PR 업무 보완을 위해 신문방송학과를 졸업한 직원 2명을 홍보팀에 충원했다. 하지만 기사 작성 면에서 기대한 만큼의 실력이 나오지 않자 홍보팀 M팀장은 두 사람의 실무 능력을 키우기 위해 한 달에 걸쳐 매일 1시간씩 신문기사 필사와 기사 내용을 재작성하는 트레이닝을 시켰다. 처음 2주 정도는 시간 안에 끝내지 못해 점심시간까지 할애를 하게 되었고, 이에 두 사람은 불만으로 가득 찼다. 하지만 2주가 지나자 속도가 빨라져 시간 내에 끝내게 됐고, 기사 내용도 꽤 정제되어 실무에 돌입할 수 있었다.

　　두 사람의 실력 차이는 6개월 뒤에 나타났다. 이유를 찾아보니 A는 트레이닝 이후 손을 놓았지만 B는 팀장의 지시 없이도 매일 조금 일찍 출근하여 자발적으로 기사 작성 훈련을 계속해 오고 있었던 것이다.

어린 시절, 집집마다 거실 한 켠 액자에 가훈이라는 이름으로 꼭 붙어 있던 '성실'. 내가 어릴 때만 해도 성공의 가장 큰 덕목은 성실이었다. 그래서인지 성실성은 20대보다는 30대, 30대보다는 40대에 더 강하게 나타난다. 하지만 요즘 젊은 세대는 '성실'이라는 단어를 경계한다. 심지어 누군가에게 성실하다는 평가를 받으면 융통성이 없거나 고지식한 사람으로 평가 받는다고 생각하기도 한다. '성실'을 나이 많은 꼰대들의 특성처럼 여기는 사람도 있다. 물론 요즘 세상에서 성실하기만 해서는 성공할 수 없다. 그럼에도 세대별 워킹 트렌드 인식조사 결과에 의하면 세대를 불문하고 신입사원에게 가장 중요한 덕목에서 성실함은 1위로 꼽혔다. 회사는 여전히 성실한 직원을 선호하고, 그런 사람들에게서 신뢰를 느낀다는 의미다. 성실하기만 한 것도 바람직하지 않지만, 성실하지 못한 사람이 성공할 확률이 적은 것은 사실이다.

꾸준히 하는 것이 결국 성공하는 것이다

이중섭 화백을 사랑한 화가 몽우 조셉킴 화백은 "화가들은 즉흥적인 감흥을 좋아하고 창의성이 높아야 한다고 여겨지지만 더 좋은 작품을 위해서는 즉흥적인 것을 뛰어넘는 무언가가 있어야 한다."라고 했다. 그러면서 그 무언가를 '성실함'이라고 했다. 화가들이 작품을 할 때 영감이 떠오르는 경우도 영감만으로 좋은 작품이 나오는 게 아니라 꾸준한 훈련, 다듬고 지우고 보정하는 성실한 작업이 뒷받침되어야 한다는 것이다. 그러면서 그는 이것을 공부나 사업은 물론 직장생활에도 모두 적용되는 원리라고 했다.

요즘 회사는 창의력이 뛰어나고 아이디어가 많은 인재를 원한다. 하지만 그런 스마트한 인재가 성실하지 않다면 그가 성공할 확률은 생각보다 높지 않다. 벤저민 플랭클린은 근면한 자에게는 모든 것이 쉽고, 나태한 자에게는 모든 것이 어렵다고 하면서 '성공이라는 못'을 박으려면 '끈질김이라는 망치'가 필요하다고 했다. 특히 신입사원의 경우 성실하지 않은 이미지가 심어졌다면 회사에서 유능한 인재로 주목 받기 쉽지 않다. 아무리 유능한 인재라 해도 회사라는 곳은 아직은 정직하고 성실한 사람을 더 신뢰하는 것이 사실이다. 결국 성장의 핵심은 성실이다.

진부하게 들릴지 모르지만, 나는 우리 아이들에게 '봄에 씨앗을 뿌리지 않은 사람은 가을에 수확할 곡식이 없고, 무더위에 풀을 뽑아주지 않은 들판은 수확할 곡식이 적다'는 표현을 자주 언급한다. 열매를 따는 일은 폼 나고 즐겁지만 씨앗을 뿌리는 일은 지루하고 고되며 폼도 나지 않는다. 하지만 씨앗을 뿌리기 귀찮다고 뿌리지 않으면 가을에 수확할 것이 없다. 또 씨앗을 뿌렸다고 해도 정성을 들이지 않으면 가을에 거둬들일 수확량은 확 줄어든다.

일을 하다 보면 짜증나고 그만두고 싶고 내가 이 일을 왜 해야 하나 싶은 순간이 한두 번이 아닐 것이다. 그렇다고 해서 대충했다가는 좋은 결과를 얻을 수 없다.

미래를 위해 현재를 참고 인내하는 것은 중요하다. 현재에 충실하지 않으면 미래도 없기 때문이다. 물론 현재를 희생한 채 미래만을 바라보는 것 역시 미련한 짓일 수 있다. 현재라는 땅에 충실히 두 발을 디딘 채 미래를 향해 끊임없이 움직이는 것, 이것이 곧 성실이다. 아무리 시대가 바뀐다 한들 성실은 어디서든 통용되는 덕목임에 틀림없다.

03
내가 건강해야
회사가 성장한다

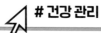

 # 건강 관리

나는 두 가지 별명을 갖고 있다. 주변에서 붙여준 '밥심'이라는 별명 하나, 그리고 내가 나에게 붙여준 '줌마렐라'가 다른 하나다. 듣기에도 촌스럽기 그지없는 별명 중 '밥심'은 밥을 꼬박꼬박 챙겨먹는 습관에서 비롯되었다. 나는 새벽 출근을 하는 날도 단 몇 술이라도 꼭 밥을 챙겨먹고 나온다. 또 밤에는 가능하면 11시 반 이전에 잠자리에 드는데, 그래서 12시면 사라지는 신데렐라가 아니라 12시 전에 잠드는 아줌마 '줌마렐라'다. 밤 11시가 되기 전에 일과를 마무리하고, 너무 뜨겁지 않은 물로 샤워를 한 뒤 간단한 스트레칭을 하고 잠자리에 든다. 숙면을 방해하는 커피나 차 등 카페인이 들어간 음료는 오후 4시 이후에는 마시지 않으며, 수면 리듬에 방해가 되는 낮잠 역시 피한다.

오랜 시간 지켜온 규칙적인 식사와 수면 습관 덕분인지 나는 비교적 면역력이 좋아 감기에도 자주 걸리지 않고, 체력이 요구되는 일도 다른 사람들에 비해 잘 견디는 편이다. 그 덕분인지 지금까지 직장생활을 하며 아파서 결근을 해본 적이 거의 없다. 이런 내 모습이 미련하다고 할 수도 있겠지만 내가 20년 넘게 한결같을 수 있었던 이유는 건강 관리를 잘해 온 덕분이라고 믿는다. 여기에 또 하나, 업무 특성상 아프다는 이유로 결근을 하지 않겠다는 나의 굳은 의지가 반영된 것이기도 하다. 누군가에게 민폐 끼치는 것을 극도로 싫어하다 보니 내 몸도 몸이지만 내가 아프거나 결근을 하면 함께 일하는 동료에게까지 신경을 쓰게 한다는 생각이 강하다. 그래서 나는 후배 직원들을 교육할 때 능력만큼이나 중요한 것이 건강 관리임을 늘 강조한다.

웰니스한 직원이 일도 잘한다

몇 년 전 미국에서는 '오바마 케어'가 이슈가 되었다. 개인의 건강은 개인의 문제가 아니라 개인이 속한 기업과 국가의 미래와 직결되므로 기업과 국가에서 건강과 보건에 앞장서자는 정책이었다. OECD 국가에서는 오래 전부터 직원의 건강과 회사의 실적 관계를 연구해 왔고, 직원들이 건강한 기업일수록 기업도 건강하게 성장하고 있음을 밝혔다. 일찍부터 직원 건강을 위한 복지 정책을 기업 경영에 도입한 미국의 경우 86%의 기업이 직원의 건강 증진을 위한 프로그램을 도입하고 있다. 이것이 직원들의 사기를 높이고 애사심을 고취시켜 단기적으로는 생산성 향상을 가져오고, 장기적으로는 인재의 이탈을 막고 신규 인재를 지속적으로 채용할 수 있는 방법임을 알고 있기 때문이다.

웰빙well-being과 건강Fitness, 행복happiness의 합성어인 웰니스wellness는 말 그대로, 신체적·정신적·사회적으로 건강한 상태를 의미한다. '웰니스 프로그램' 역시 기존의 정신 건강에 초점을 두었던 근로자 지원 프로그램에 신체적 건강을 포함한 포괄적인 개념이다. 우리나라도 웰니스 프로그램을 운영하는 기업이 점차 증가하고 있는데, 직원 건강이 기업의 생산성에 직접적인 영향을 미치는 것을 알기 때문이다. 이제 기업에서 직원의 건강 관리에 투자하는 것은 단순한 복지가 아니라 기업의 발전 전략으로 고려해야 할 사항인 것이다.

신입사원의 경우 아직 젊은 만큼 특별히 관리하지 않아도 큰 문제가 없다고 생각할 수 있는데, 불규칙한 식사와 잦은 회식, 스트레스가 이어지면 언제든 면역력이 떨어질 수 있다. 따라서 하루 중 대부분을 보내는 회사에서 최대한 건강한 환경을 만드는 것이 무엇보다 중요하다. 앞에서 나만의 건강 관리법으로 식사, 수면, 운동을 설명했는데, 직장에서 할 수 있는 작은 건강 관리법을 공개한다.

먼저 복사기 등의 기기 앞에 서 있을 때 발뒤꿈치를 위아래로 들어 올린다거나 다른 층으로 이동할 때 계단을 이용하면 좋다. 점심식사 후 또는 휴식 시간에 눈을 마시지하거나 목 돌리기 등을 하며 피로를 풀어

주는 것도 방법이다. 특히 하루 종일 앉아 있다 보면 허리 근육이 약해져 허리에 통증이 생길 수 있는데, 두 시간에 한 번씩 일어나 스트레칭을 하거나 휴식을 취하는 것이 좋다. 화장실이나 휴게실에 갈 때도 팔 돌리기나 허리 돌리기 등의 스트레칭으로 몸의 긴장을 풀어주면 된다.

또 일을 하다 보면 입이 심심해지곤 하는데, 간식은 과자나 고열량 음식보다는 견과류나 한 입에 먹을 수 있는 과일을 권한다. 매일 시간을 정해 놓고 식사 시 비타민을 하나씩 챙겨먹는다면 더 좋다. 직장인에게 있어 건강 관리는 선택이 아닌 필수다. 건강 관리도 능력이라는 말을 명심하라.

04
24시간이 모자라? 아니, 남아!

시간 관리

회사 입사 선배이자 내 여고 동창인 K는 고등학교 시절 항상 1등이었다. 당연한 수순처럼 서울대에 입학했고 야무지게 학교 생활을 마친 뒤 회사에 입사했다. K가 죽어라 공부만 했을 거라 생각하면 오산! 친구들과 어울리기 좋아하고, TV 드라마와 최신 가요를 줄줄 꿰고 있는 K는 직장생활을 하면서도 공인중개사 자격증을 비롯해 여러 자격증을 취득했다. 오랫동안 옆에서 지켜본 그녀의 성공 비결은 하나, 바로 '자투리 시간 활용'이었다.

누구에게나 똑같이 주어지는 24시간을 어떤 사람은 48시간처럼 사용하고, 어떤 사람은 12시간도 안 되는 것처럼 사용한다. 출근부터 퇴근할 때까지 자기 시간 없이 업무를 처리해야 하는 직장인에게 시간 관리는 필수 항목이자 능력과 직결된다. 시간 관리가 개인의 생산성을 높이고 자기역량으로 이어지기 때문이다. 그런 만큼 시간 관리 노하우를 쌓을 필요가 있다.

시간 관리를 잘하는 가장 기본적인 방법은 우선 해야 할 일을 모두 써보는 것이다. 그런 다음 해야 할일을 중요도와 긴급도에 따라 우선순위를 정해 실천한다. 가능하면 전날 미리 적어서 다음날 일을 계획하면 더욱 좋다.

시간은 내 의지로 채워가는 것

사실 대기업의 경우 정형화된 업무 분장이 있다. 하지만 신입사원들은 특별히 주어진 업무가 없다 해도 하루하루 바쁘고 정신이 없다. 업무를 하다 보면 부장도 일을 주고 과장도 일을 주며 직속 선배도 보조 업무를 지시하는 경우가 비일비재하다. 이때 하던 일을 미루고 새로 떨어지는 업무 위주로 처리하다 보면 오늘도 야근각이다. 이럴 땐 '우선순위'를 정하는 것이 필요하다. 일의 우선순위를 정해 한 가지 일에 집중하고 다음 일을 하는 것이 시간도 단축시키고 업무 효율도 올릴 수 있다.

먼저 아이젠하워의 시간 관리 매트릭스를 활용해 일의 기준에 따라 급한 일, 중요한 일, 시간이 걸리는 일, 바로 처리할 수 있는 일을 나눠보자. 많은 일을 놓고 어떤 것부터 할지 몰라 갈팡질팡하지 말고 일의 우선순위를 정한 후 한 가지 일에 몰입하여 처리하고, 또 다음 일을 처리하는 식으로 일을 순차적으로 처리해 나가는 것이다.

다음은 버려지는 시간을 찾는다. 하루 종일 쉴 틈 없이 바빴다고 생각하지만 막상 되돌아보면 쓸데없이 흘려보낸 시간이 있을 것이다. 물건을 찾는 데 썼거나 보고 후 컨펌을 기다리는 시간, 똑같은 말을 길게 하느라 드는 시간 등 다양하다. 이런 시간들을 아끼기 위해서는 평소 간단명료하게 말하는 습관을 만드는 것이 중요하다. 군더더기 없는 의사소통은 업무 시간을 줄이고 결과에 대한 퀄리티까지 향상시킬 수 있다. 5W1H로 말하는 습관을 들이면 확인하는 시간까지 줄여 사소한 시간 낭비를 막을 수 있다.

바쁘다고 계속 시계를 보지 마라. 데드라인을 맞추기 위해 시계를 계속 본다고 달라지는 것은 없다. 급히 처리해야 할 업무가 있다면 집중해서 업무를 처리하는 것이 현명하다. 하다가 모르는 것은 혼자 끙끙대지 말고 솔직하게 물어서 시간을 단축하라. 처리하기에 부담이 되거나 본인 능력 이상의 일이라면 상사에게 빨리 말해야 한다. 질책당할까 하는 두려움에 시간을 끌기보다는 하는 방법을 물어 제대로 하는 것이 시간을 단축시킬 수 있는 방법이다.

나만의 데드라인을 정하는 것도 추천한다. 때로는 적당한 선에서 자신과 타협하더라도 나만의 마감 시간을 정해 놓고 일하는 것이다. 마감이 정해져 있으면 마음을 다잡는 데도 도움이 된다. 또 그날 한 일을 매일매일 정리하면 다음날 할 일을 살필 수도 있고, 오늘을 다시 한 번 리

마인드하는 계기도 된다.

스스로 동기부여를 하는 것도 좋다. 내가 왜 이 일을 하는지 명확한 사유를 만들고, 목표를 이뤘을 때 얻을 수 있는 이점을 생각하며, 스스로에게 작은 보상을 하는 것이다.

시간은 흘려 보내는 것이 아니라 내용으로 채워가는 것이다. 누구에게 빌릴 수도 없고 훔칠 수도 없는 24시간이라는 시간은 내가 어떻게 관리하고 사용하느냐에 따라 충분하다는 사실을 잊지 마라.

05
항상 갈망하라,
항상 무모하라

자기계발

직장생활 2년차 기획팀 L. 최근 업무 역량이 딸린다는 생각이 들어 퇴근 후 뭐라도 배워볼 요량으로 인터넷 서핑 끝에 직장생활을 연구한다는 모임을 발견하고 오프라인 모임에 참석했다. 그 모임에서 L은 졸업 후 연락이 끊겼던 대학 동기를 만났다. 대학 동기를 만난 것보다 더 놀라웠던 것은 그곳에서 옆 부서 선배인 G대리를 만난 것이다. 회사에서만 보던 G대리를 뜻하지 않은 장소에서 만나니 반갑기도 하고 당황스럽기도 했다.

선배는 어렵게 취업해 처음에는 재밌게 일했지만 이제는 처음의 열정은 어느새 사라지고, 습관적으로 회사를 다니고 있는 자신을 발견했다고 한다. 그러면서 회사 생활은 지겹지만 퇴사는 더 무서워 퇴사 대신 다른 방법을 찾기 위해 이곳에 나왔다고 덧붙였다. 두 사람은 각자 자기 삶의 주인으로 사는 법과 스스로 성장하는 길을 모색하자는 다짐을 하며 거기서 만난 것은 비밀로 하기로 하고 헤어졌다.

행복한 삶을 위해 열심히 살고 있는 직장인들. 직장에 들어와 어느 정도 적응했다 싶으면 또 다른 걱정이 밀려온다. 바로 자기계발이다. 회사는 일도 열심히 하라고 하고, 성과도 내놓으라고 하면서 자기계발까지 하라고 요구한다. 스튜던트 Student 에서 벗어나 간신히 샐러리맨 Salary man 이 되었는데 이제는 '샐러던트 Saladent'가 되라고 한다.

자기계발은 나를 위한 보험

최근 주 52시간 근무제가 도입되었다. 일과 생활의 균형, 직장인들의 삶의 질을 높여 진정한 워라밸을 실현하기 위한 제도다. 고용노동부의 통계에 의하면 주 52시간 근무제 도입으로 서울 수도권 직장인의 여가 및 자기계발 관련 업종 이용액이 18.3% 증가했다고 한다. 일과 생활의 균형을 중요하게 생각하는 20~30대 직장인의 특성이 반영되어 야근이 줄고 여가 시간이 많아져 자기계발에 대한 관심이 늘어난 것이다. 긍정적인 변화다.

직장인들의 자기계발로는 업무 역량을 강화하기 위한 자격증 공부는 기본이고, 외국어 능력 향상을 위한 어학 공부, 체력과 건강 증진을 위한 각종 운동과 스포츠, 창의성과 인성을 위한 독서회나 인문학 강좌, 특기나 취미를 살린 자기계발까지 그 종류가 매우 다양하다. 직업능력 개발계좌를 발급받아 훈련을 받을 수 있도록 지원하는 제도인 '내일배움 카드제'까지 도입되어 자기계발에 힘쓰는 직장인들을 위한 학원비 부담을 줄여주고 있다.

나를 비롯한 대부분의 나의 선배들은 지금까지 자신의 장점을 살리기보다는 자신의 단점을 커버할 수 있는 것을 학습하거나 메우기 위해 노력해 왔다. 하지만 요즘 시대는 내가 잘할 수 있거나 이미 가진 것을 100% 활용할 수 있는, 즉 자신의 숨은 능력을 발휘하는 방법을 찾는 사람이 많아졌다. 나에게 없는 것을 찾아 남들을 쫓아가려는 사람은 아무리 쫓아가도 그들을 앞서는 것이 쉽지 않다는 것을 잘 알기 때문이다. 내가 잘할 수 있는 나의 강점, 내가 지치지 않고 꾸준히 노력할 수 있는 일, 즐기면서 할 수 있는 것을 찾기를 권한다. 더불어 중요한 것은 뭔가를 할 때 과도한 목표를 정하고 무리한 계획을 세우다 지쳐 그만두는 사람이 되지 않는 것이다.

무엇을 하든 꾸준히 지속적으로 하는 것이 좋다. 또 억지로 하는 것이 아니라 자신의 성향에 맞고, 즐기면서 할 수 있는 것을 찾아서 하는 것이 중요하다.

"항상 갈망하라, 항상 무모하라. Stay Hungry, Stay Foolish."

남다른 생각과 행동으로 세상을 바꾼 스티브 잡스의 명언이다. 새로운 것, 더 나은 것을 갈망하는 마음이 자신을 움직이게 한다는 의미다.

또 이러한 갈망과 무모한 행동이 어쩌면 도전하게 하는 용기를 주고, 결국 우리와 우리의 삶을 변화시키는 것 아닐까? '자기계발'은 결국 나를 더 멋진 사람으로, 내 삶을 더 즐겁고 풍요로운 인생으로 만드는 과정이다. 자신의 성장을 위한 그 열정과 노력이 꾸준하게 지속되기를 응원한다.

06
자존감을 높여주는
독서

인생은 '나라는 사람을 탐구'하는 과정이라고 한다. 그리고 나를 탐구하는 데 있어 가장 좋은 도구는 독서, 즉 책이 아닐까 한다. 책을 통해 타인의 경험과 지식, 지혜와 통찰을 얻어 나 자신을 알아가고 삶의 가치관을 정교화하는 것이 독서가 주는 가장 큰 이로움이다.

영국 서식스대 인지심경심리학과 데이비드 루이스 박사팀이 발표한 자료에 의하면 스트레스 해소법으로 가장 효과 좋은 방법 1위가 '독서'라고 한다. 그러면서 연구팀은 "당신이 무슨 책을 읽는지는 중요하지 않으며, 작가가 만든 공간에 푹 빠지면 일상의 걱정과 스트레스, 근심으로부터 탈출할 수 있다."라고 했다.

사실 독서는 직장인들에게 꼭 필요하면서도 쉽게 만들어 갈 수 있는 습관 중 하나다. 독서 습관을 들여놓으면 마음의 안정을 찾는 것은 물론 스트레스를 해소할 수 있고, 자기계발에도 더할 나위 없이 도움이 되기 때문이다.

책을 읽으면 좋다는 건 누구나 알고 있을 것이다. 하지만 직장인에게 있어 독서는 생각보다 쉽지 않다. 내가 아는 지인은 67세의 연세에도 모 기업의 부회장으로 아직도 현업에서 활약하고 있다. 그분은 틈이 날 때마다 클래식 음악을 즐겨 듣고 책을 읽는데, 책값으로 한 달에 40만 원 정도를 지출한다고 한다. 놀랍다는 내 반응에 그분은 이렇게 말씀하셨다.

"술값으로 하루에 50만 원도 넘게 쓰는 사람이 부지기순데 다양한 정보와 작가의 지식과 가치관을 온전히 얻는 값으로 그 정도 금액이면 적은 것 아닌가."

독서는 삶이다, 평생 읽어라

워런버핏의 성공 비결은 일반인보다 5배 많은 독서량이었다고 한다. 그는 "가난한 사람은 책으로 인해 부자가 되고, 부자는 책으로 인해 존귀해진다."라는 명언을 남겼다. 최재천 교수는 다양한 분야가 한데 모여 혁신을 이루는 4차 산업혁명 시대에는 '스펙'이 아닌 '소양'을 갖춰야 한다고 설명하면서 소양을 갖추기 위한 방법으로 '기획 독서'를 제안했다. 이렇듯 독서가 부자도 되게 해주고, 존귀하게 해주며, 소양을 갖추게 하고, 성공하게 해주는 이유는 감각을 발달시키고 사람을 바꾸는 힘이 있기 때문이다.

《어른의 독서》를 쓴 한기석 작가는 독서는 취미로 하는 것이 아니라고 했다. 지식을 쌓기 위한 것도 아니고 책을 읽고 사색을 통해 나 자신이 달라지기 위함이니, 독서의 결과는 나의 행동을 변화시켜야 한다는 것이다. 독서를 통해 내 행동을 변화시키고 결국 나 자신의 삶을 변화시켜 성장하는 것이 독서를 하는 이유다. 실제로 저자는 독서를 통해 평범한 직장인에서 '주목받는' 사람으로 자신의 인생을 바꾸었다.

지친 일상을 마치고 친구나 동료와 술자리를 갖거나 침대에 누워 휴대폰으로 SNS를 들여다보고 TV를 시청하다 잠드는 것이 요즘 현대인들의 흔한 모습이다. 이런 것들도 휴식이 될 수 있지만 이런 것만으로는 얻는 게 없거나 무의미하다는 생각이 드는 순간이 있을 것이다. 이 시간을 독서로 채워보는 것은 어떨까.

독서는 영상물과 달리 텍스트를 읽으며 집중과 해석을 해야 하고, 눈으로 읽어낸 텍스트에 대해 자신의 사고를 얹어야 하는 과정인지라 꾸준히 읽다 보면 생각의 파이와 깊이가 확장된다. 또한 많은 사람들이 말하듯 간접 체험이 가능하다. 내가 경험하지 못한 세계의 배경, 환경, 심리, 상황은 물론 작가와 끊임없이 소통할 수 있기 때문이다. 이렇게 확장된 사고의 폭과 넓이는 융합과 통섭을 거쳐 장기적으로 사고력과 문제해결 능력, 창의성을 키워 준다.

독서의 필요성과 효과에 대해서는 더 이상 얘기하지 않아도 이미 잘 알고 있을 것이다. 다만 실천하느냐 하지 않느냐의 차이일 뿐이다. 하루 10~20분의 습관 같은 독서가 당신의 업무력을 높이고, 자존감을 높여 주며, 궁극적으로 삶을 변화시켜 줄 최고의 수단이 된다는 사실을 잊지 마라.

07
아는 만큼 보이고,
본 만큼 세상을 안다

경험치의 힘

"아는 만큼 보인다."

이 말은 미술사학자 유홍준 교수의 저서 《나의 문화유산 답사기》 1권 머리말에 처음 등장했다. 답사기가 100만 권 넘게 팔리는 베스트셀러가 되면서 이 표현도 널리 알려지게 되었다. 유홍준 교수가 미술사를 하며 사람들에게 가장 많이 받은 질문 가운데 하나가 "어떻게 하면 미술에 대한 안목을 갖출 수 있습니까?"였다고 한다. 이 막연한 물음에 유 교수는 "인간은 아는 만큼 느낄 뿐이며, 느낀 만큼 보인다"라고 했는데, 그가 생각하는 문화미란 노력 없이 획득되는 것이 아니라는 생각 때문이었다.

나는 '아는 만큼 보인다'는 이 말을 굳게 믿는다. 인생을 살아내면서 경험하는 경험치가 곧 내가 가진 자산이 된다고 생각하기 때문이다. 그 경험치는 읽는 것, 보는 것, 듣는 것, 느끼는 것, 체험하는 것 등 다양하다. 일 분 일 초가 모여 하루가 되고, 하루하루가 모여 일 년이 되며, 한 해 한 해가 모여 인생이 된다. 사람들의 삶이 엄청난 차이가 있는 것 같지만, 자세히 들여다보면 하루를 살아가는 태도에 약간의 차이가 있을 뿐이다.

우리는 경험치만큼 세상을 알 수 있고, 경험치만큼 세상을 이해할 수 있다. 초등학생이 대학생과 함께 공부한다고 한들 대학생과 같은 시각으로 사회를 보고 대화를 하는 것은 쉽지 않은 원리라고나 할까. 이 말은 곧 신입사원이 선배나 상사에 비해 아이디어가 풍부하고 창의적일 수는 있을지 모르지만 임원이나 CEO의 안목을 갖는 것이 쉽지 않다는 의미다.

인생을 바꾸는 일은 사소한 일에서 시작된다

인생은 계단을 오르는 것과 같다. 계단을 한 걸음 한 걸음 오르다 보면 1층이 2층이 되고, 10층에 오르고, 100층에도 이르게 되는 것이다. 그 과정에서 내가 본 만큼, 들은 만큼, 사유하는 생각의 범위만큼, 내가 움직이는 만큼 성장하고 발전한다. 경험해 보지 않은 사람은 그것의 실체를 모르지만 경험한 사람은 명확히 안다. 책을 읽든, 얘기를 듣든, 미술품을 감상하든, 아무리 사소한 것일지라도 내가 보고 듣고 느낀 것은 곧 내 것이 된다. 어떤 일이든 오랫동안 꾸준히 하는 사람이 그렇지 않은 사람보다 잘하게 되는 것처럼 말이다. "과거에 했던 내 모든 일들이 분발하여 제 능력껏 내게 새로운 영감을 주리라."라고 한 니체의 말처럼 나의 경험치가 곧 나를 키우는 자산이 되는 것이다.

윌리엄 맥레이븐은 《침대부터 정리하라》에서 인생을 바꾸는 일은 아침에 일어나 침대를 정리하는 간단한 일을 수행하는 것에서 출발한다고 했다. 아침에 침대를 정리하는 사소한 임무부터 차근차근 수행한 사람은 저녁이 되었을 때 자신이 여러 개의 임무를 완수했다는 사실을 알게 된다. 사소한 임무는 말 그대로 사소해서 크게 드러나지 않지만 자부심과 용기를 주고, 다른 수많은 임무들을 완수하게 하는 동기를 부여해 준다. 결국 인생을 바꾸는 일은 사소한 과업을 꾸준히 하는 것에서 비롯된다.

우리는 가끔 '다음 생에' 혹은 '그건 다시 태어나야만 가능해'라는 표현을 쓴다. 니체는 그런 사람들에게 이렇게 말한다.

"다시 태어나 살고 싶을 그런 삶을 살아라. 내일 말고, 지금 당장 여기서."

내가 살고 싶을 삶을 다음 생이 아닌 지금 이 순간에 살아야 한다.

나는 인생은 '소급 적용'이라고 생각한다. 10대를 어떻게 보냈느냐가 20대의 인생을 만들고, 20대의 하루하루를 어떻게 보냈느냐가 30대의 인생을 좌우한다. 20~30대에 건강을 챙기지 않은 사람이 40~50대에 이르러 건강 이상을 호소하는 것은 당연하다. 인생은 결국 어제 어떤 삶을 살았느냐에 따라 오늘의 모습이 되고, 오늘의 모습이 결국 미래의 모습을 만든다. 인생의 초반부를 살고 있는 신입사원들에게 인풋을 많이 하라고 권하고 싶다. 그 인풋이 머리와 가슴 속에서 융합과 통섭의 과정을 거쳐 30~40대에는 탁월한 아웃풋으로 그대들을 빛나게 할 테니 말이다.

에필로그

　사람들은 성공한 사람들을 보면서 그 비결을 궁금해한다. 굳이 나눠 보자면, 이들 중 4%는 이른바 금수저로 태어나 여유로운 삶을 보장 받은 사람들이고, 13%는 자수성가한 사람이며, 나머지 83%는 인간관계에 능한 사람이라고 한다. 스위스의 철학자 아미엘도 처세의 첫 번째 조건으로 '상대방에 대한 존경'을 꼽았다. 성공적인 사회생활을 위해서는 존경까지는 아니더라도 상대에 대한 예의와 매너를 지키는 것이 중요하다는 말이다.

　하지만 막상 직장생활을 하다 보면 매일 회사를 그만두고 싶다는 생각이 들 만큼 사회생활이라는 게 녹록지 않다. 최선을 다해 한 일이 인정받기는커녕 질책이나 당하지 않으면 다행이고, 본의 아니게 사람들과의 관계가 틀어져 개운하지 못한 마음으로 퇴근하는 날도 허다하다.

생각지도 못한 복장 지적을 받아 당황하는 순간도 종종 벌어진다. 이런 매일이 반복되다 보면 충만했던 자존감은 바닥을 치고, 웃음으로 가득했던 얼굴은 어느 순간 억지웃음조차 지어지지 않는다.

안타깝지만, 지금 내가 있는 자리, 나와 함께 있는 사람들에게 불만이 많다면 직장은 더 이상 행복한 곳이 될 수 없다. 상사나 동료가 싫다고 생각되는 순간 상대가 웃는 것도 보기 싫고 말을 거는 것조차 짜증이 나기 때문이다. 하지만 내가 가진 것과 내가 누리고 있는 것에 만족하는 사람, 나와 함께하는 사람들에게 고마움을 느끼는 사람은 행복할 수 있다. 감사하는 마음은 모든 문제의 해결책이자 관계의 실마리이기 때문이다.

감사함으로 가득한 세상을 사느냐, 불평으로 가득한 세상을 사느냐는 전적으로 내 생각과 행동에 달려 있다. 전문가들은 이것을 '끌어당김의 법칙'으로 설명한다. 긍정적인 생각과 감정으로 긍정적인 말과 행동을 하는 사람에게 좋은 것들이 당겨진다는 의미다. 많은 사람들이 더 빨리 승진하고, 더 많은 돈을 벌고, 더 좋은 직장에 다녀야 행복할 수 있다고 생각한다. 하지만 동기보다 빨리 승진했다고 해서 행복이 보장되는 것도 아니고, 다른 사람보다 월급을 더 많이 받는다고 해서 행복한 것은 더더욱 아니다. 물론 일시적으로 뿌듯하고 기쁠 수는 있겠지만 그로 인한 행복은 생각보다 오래 가지 않는다. 시간이 지나면서 다른 욕망이, 더 큰 욕심이 마음에 자리 잡기 때문이다.

이제 막 회사생활을 시작한 사회 초년생에게 직장은 너무나 힘들고 벅찬 곳일 수 있다. 나 또한 직장생활이 호락호락하지 않았다. 돌이켜 보면, 나는 30~40대를 지나는 동안 내 손으로 TV를 켜 본 적이 거의 없을 만큼 바쁘게 살았다. 집에서는 엄마이자 주부, 며느리로, 출근해서는 CEO를 모시는 비서로 살면서 부족한 부분을 채우기 위해 대학원에 다니며 24시간을 48시간처럼 살았다. 특유의 긍정적인 성격으로 버텨냈지만 몸이라도 아픈 날에는 '이렇게까지 살아야 하나?'라며 나 자신에게 수없이 묻고 또 물었다.

하지만 30년 가까이 직장생활을 하면서 나는 많은 것을 배우고 얻었다. 직장에서 상사를 대하듯 부모님을 대했더니 신뢰받는 든든한 딸이자 며느리가 되었고, 가족에게는 합리적이고 현명한 아내이자 엄마가 되어 있었다. 회사에서도 위로는 물론 후배 직원들에게 배려 있고 당당하다는 평을 받고 있으니 나는 지금의 내 삶에 감사하다. 생각해보면, 이렇게 나를 바로 설 수 있게 해준 것들은 대단한 것들이 아니다. 교과서적인 말처럼 들리겠지만 상대방의 입장에서 생각하고 이해하려는 마음과 감사하는 마음이 오늘의 나를 만들어준 가장 큰 힘이다. 미국의 29대 대통령 캘빈 쿨리지는 "누구도 자신이 받은 것으로 인해 존경받지 않는다."라고 했다. 존경은 자신이 베푼 것에 대한 보답이기 때문이라는 것이다.

자신의 표정이나 말, 행동을 스스로 선택하지 못한다면 그것은 성격이고, 선택할 수 있다면 인격이라는 말이 있다. 사회생활을 하면서 인격과 품격을 높이고 매너를 갖춘 사람으로 인정받기 위해서는 많은 노력이 필요하다. "우리의 인생은 우리가 노력한 만큼 가치가 있다."라고 한 프랑스 소설가 모리아크의 말처럼 매너를 갖추기 위해 노력한 사람들은 노력한 만큼의 보상과 좋은 평가가 따른다. 그리고 그 모습으로 상대를 대하다 보면 결국 그것이 나의 인격이 되고, 나를 성공으로 이끌 것이다.

나는 기본과 원칙을 이기는 것은 없다고 생각한다. 내가 이 책에서 말한 내용들 역시 기본과 원칙에 충실하다. 누구나 아는 당연한 얘기를 풀어놓았다고 하는 사람도 있을 테지만 30년 가까이 직장생활을 하며 지켜보니 모든 문제의 시작은 그 기본을 지키지 않은 데서 비롯되었다. 이 책이 기본과 원칙을 만드는 데 도움이 되길 기대하며, 오늘도 취업전선에서 자신의 역량을 발휘하고 있을 후배들을 온 마음으로 응원한다.

신입사원일 때
알았더라면
좋았을 것들

| 초판 1쇄 | **발행일** | 2020년 9월 29일 |
| 초판 7쇄 | **발행일** | 2024년 9월 2일 |

| **지은이** | 류영숙 |
| **펴낸이** | 유성권 |

편집장	윤경선				
편집	김효선 조아윤	**홍보**	윤소담 박채원	**디자인**	박정실
마케팅	김선우 강성 최성환 박혜민 심예찬 김현지				
제작	장재균	**물류**	김성훈 강동훈		

펴낸곳	㈜이퍼블릭
출판등록	1970년 7월 28일, 제1-170호
주소	서울시 양천구 목동서로 211 범문빌딩 (07995)
대표전화	02-2653-5131 | **팩스** 02-2653-2455
메일	milestone@epublic.co.kr
포스트	post.naver.com/epublicmilestone

마일스톤 은 (주)이퍼블릭의 경제경영 · 자기계발 · 인문교양 브랜드입니다.

이 도서의 국립중앙도서관 출판예정도서목록(CIP)은 서지정보유통지원시스템 홈페이지(http://seoji.nl.go.kr)와 국가자료공동목록시스템(http://www.nl.go.kr/kolisnet)에서 이용하실 수 있습니다. (CIP제어번호: CIP2020039158)